JOSUÉ VALDEZ VARGAS

ESGRIMA BÍBLICA

Vida®

La misión de Editorial Vida es ser la compañía líder en comunicación cristiana que satisfaga las necesidades de las personas, con recursos cuyo contenido glorifique al Señor Jesucristo y promueva principios bíblicos.

ESGRIMA BÍBLICA
Edición en español publicada por
Editorial Vida – 1981
Miami, Florida

Diseño de cubierta: *Gustavo A Camacho*

ISBN: 978-0-8297-0445-7

CATEGORÍA: Juvenil No Ficción / Ayuda

DEDICATORIA

Conozco a dos socios que estudiaron juntos en una biblioteca. En pocos años se graduaron de maestros. Invirtieron sus conocimientos, y hoy los resultados son una realidad productiva. Hicieron un capital.

La biblioteca. . . son los 66 libros de la Biblia. La inversión es la instrucción que recibí en mi niñez. La realidad productiva es el presente libro. El capital soy yo, y los dos socios, mis padres, Juan y Natividad. A ellos dedico esta obra.

RECONOCIMIENTO

Mi gratitud a dos buenos amigos: Manuel Bustamante, que realizó algunas investigaciones para mí, y Floyd C. Woodworth, que aportó sus valiosas sugerencias.

A mi esposa también, por su paciencia al copiar una y otra vez el manuscrito.

INDICE

SECCION I: LA PERSONA DE JESUCRISTO

1. ¿Cómo está Cristo representado en la Biblia?... 13
2. ¿Qué es Cristo?.. 15
3. Jesús, la profecía y su cumplimiento.................. 21

SECCION II: PROFECIA

4. ¿Qué clase de profeta fue? 29
5. Ciencia, profecía y futuro................................... 31

SECCION III: LOS PERSONAJES BIBLICOS

A. NOMBRES
6. ¿Quién soy?.. 39
7. ¿Quién o quiénes? 49
8. Varones que hicieron historia............................ 57
9. Mujeres... 61
10. Padres... 65
11. Jóvenes... 67
12. Nombres cambiados de personajes famosos ... 69

B. FRASES
13. ¿Quién dijo. . .? 73
14. ¿A quién le recuerdan estas palabras?............. 79

C. CIRCUNSTANCIAS RELACIONADAS
   CON LOS PERSONAJES
15. ¿Qué varón fue?.. 85
16. ¿Qué oficio tenía? 87
17. ¿Quiénes comieron estas comidas? 89
18. ¿Quiénes hicieron estos milagros?.................... 93
19. ¿Qué enfermedad tenía?.................................. 97

SECCION IV: GEOGRAFIA

20. ¿En qué ciudad aconteció?.............................. 101
21. ¿En qué monte aconteció?............................... 105
22. ¿De qué nacionalidad era? 107

SECCION V: LOS ANIMALES EN LA BIBLIA

23. ¿Qué animales?... 111
24. Aves y otros animales................................... 115

SECCION VI: CONOCIMIENTOS BIBLICOS GENERALES

25. Lo que contiene la Biblia 119
26. ¿En qué libro está?...................................... 123
27. ¿Qué texto de la Biblia es el siguiente?.............. 129
28. ¿Qué es la Biblia para la humanidad?................. 135
29. Adivinanzas bíblicas 137
30. ¿Cuántos?.. 143
31. Colores de la Biblia..................................... 151
32. Cierto o falso... 153

INTRODUCCION

Este libro está dirigido especialmente a la juventud, pero en forma indirecta también puede ser útil para los demás grupos organizados dentro de la iglesia, y para todos aquellos que tienen responsabilidad en la enseñanza cristiana. Me refiero a los padres, pastores, maestros y líderes de grupo.

Ricardo de Bury dijo en cierta ocasión: "Los libros son maestros que enseñan. Si a ellos te acercas, no los encuentras dormidos. Si les preguntas, te dan su respuesta." Y Séneca dijo: "No es preciso tener muchos libros, sino tener los buenos."

Por algún tiempo estuve investigando sobre el tema que hoy escribo, y espero que usted reciba bendición. Estas preguntas se pueden usar en días especiales de jóvenes y señoritas, de damas y caballeros, cultos de iglesia, días de campo o reuniones de otros tipos.

Ruego a Dios que la presente obra sirva de ayuda a muchos en la adquisición de un conocimiento más amplio de la Sagradas Escrituras, y en particular que a través de ella, haya quienes lleguen a un encuentro personal con Jesús.

Josué Valdez
Monclova, Coahuila, México

SECCION I

LA PERSONA DE JESUCRISTO

CAPITULO 1
¿COMO ESTA CRISTO REPRESENTADO EN LA BIBLIA?

1. **¿Cómo está Cristo representado en Génesis?**

   R. — La simiente de la mujer (Génesis 3:15).

2. **¿Cómo está Cristo representado en Exodo?**

   R. — El cordero pascual (Exodo 12:3, 5).

3. **¿Cómo está Cristo representado en Levítico?**

   R. — El sacrificio propiciatorio (Levítico 6:6).

4. **¿Cómo está Cristo representado en Números?**

   R. — La peña herida (Números 20:11).

5. **¿Cómo está Cristo representado en Deuteronomio?**

   R. — El profeta (Deuteronomio 18:18, 19).

6. **¿Cómo está Cristo representado en Josué?**

   R. — El capitán de las huestes del Señor (Josué 5:14).

7. **¿Cómo está Cristo representado en Jueces?**

   R. — El libertador (Jueces 13:5, 18).

8. **¿Cómo está Cristo representado en Rut?**

   R. — El protector de las familias (Rut 4:14).

9. **¿Cómo está Cristo representado en los seis libros sobre los reyes?**

   R. — El rey prometido (1 Samuel 13:14).

10. **¿Cómo está Cristo representado en Nehemías?**

    R. — El restaurador de la nación (Nehemías 3:22).

11. **¿Cómo está Cristo representado en Ester?**
    R. — El abogado (Ester 4:16).

12. **¿Cómo está Cristo representado en Job?**
    R. — Mi Redentor (Job 19:25).

13. **¿Cómo está Cristo representado en los Salmos?**

    R. — El Mesías sufriente (Salmo 22:16-18).

14. **¿Cómo está Cristo representado en el Cantar de los Cantares?**

    R. — Como el Esposo de la Iglesia (Cantares 6:3).

15. **¿Cómo está Cristo representado en los Profetas?**

    R. — El príncipe de paz que viene (Isaías 9:6).

16. **¿Cómo está Cristo representado en los Evangelios?**

    R. — El Cristo que vino a buscar y a salvar (Lucas 19:10).

17. **¿Cómo está Cristo representado en los Hechos de los Apóstoles?**

    R. — El Cristo resucitado (Hechos 1:1-5).

18. **¿Cómo está Cristo representado en Apocalipsis?**

    R. — El Cristo que regresa a reinar (Apocalipsis 22:12).

CAPITULO 2
¿QUE ES CRISTO?

Recomiendo al presidente de grupo, asesor o maestro que va a dirigir el capítulo: ¿QUE ES CRISTO?, que entregue a sus concursantes, con una semana de anticipación, las preguntas que deben ser estudiadas para que, el día del debate, se sientan con seguridad y puedan participar con entusiasmo.

1. **¿Qué es Cristo para el arquitecto?**
   R. — Es la principal piedra del edificio (Hechos 4:11).

2. **¿Qué es Cristo para el astrónomo?**
   R. — Es el Sol de justicia (Malaquías 4:2).

3. **¿Qué es Cristo para el médico?**
   R. — Es el sanador de toda enfermedad, aun la espiritual (Juan 1:7).

4. **¿Qué es Cristo para el banquero?**
   R. — Es el tesoro escondido (Marcos 10:21, 23).

5. **¿Qué es Cristo para el creyente?**
   R. — Es el todo (Filipenses 4:13).

6. **¿Qué es Cristo para el constructor?**
   R. — Es el fundamento estable (1 Corintios 3:11).

7. **¿Qué es Cristo para el carpintero?**

R. — Es la puerta (Juan 10:9).

8. ¿Qué es Cristo para el enfermo?
R. — Es el gran médico (Juan 5:26, 29).

9. ¿Qué es Cristo para el agricultor?
R. — Es el Señor que ordena la siembra (Marcos 16:15).

10. ¿Qué es Cristo para el florista?
R. — Es la rosa de Sarón y el lirio de los valles (Cantares 2:1).

11. ¿Qué es Cristo para el geólogo?
R. — Es la roca de los siglos (Hechos 4:11).

12. ¿Qué es Cristo para el juez?
R. — Es el juez justo de todos los hombres (2 Timoteo 4:8).

13. ¿Qué es Cristo para el joyero?
R. — Es la piedra preciosa (1 Pedro 2:6, 7).

14. ¿Qué es Cristo para el abogado?
R. — Es consejero, legislador, intercesor (Isaías 33:22).

15. ¿Qué es Cristo para el periodista?
R. — Es la nueva de gran gozo (Lucas 2:10, 11).

16. ¿Qué es Cristo para el amigo?
R. — Es el hermano eterno (Mateo 12:50).

17. ¿Qué es Cristo para el filósofo?
R. — Es la sabiduría de Dios (1 Corintios 1:24).

18. ¿Qué es Cristo para el automovilista?
R. — Es el camino nuevo y vivo (Juan 14:6).

19. **¿Qué es Cristo para el siervo?**
    R. — Es el buen amo (Efesios 6:9).

20. **¿Qué es Cristo para el científico?**
    R. — Es poder y ciencia de Dios (1 Corintios 1:24).

21. **¿Qué es Cristo para el estadista?**
    R. — Es el Deseado de todas las gentes (Hageo 2:7).

22. **¿Qué es Cristo para el teólogo?**
    R. — Es el autor y consumador de la fe (Hebreos 12:2).

23. **¿Qué es Cristo para el pecador?**
    R. — Es el Cordero de Dios, que quita el pecado del mundo (Juan 1:29).

24. **¿Qué es Cristo para el creyente?**
    R. — Es el hijo del Dios vivo (Mateo 16:16).

25. **¿Qué es Cristo para el psicólogo?**
    R. — Es el único que conoce a fondo la necesidad humana (Mateo 9:4, 8; Marcos 7:21, 22).

26. **¿Qué es Cristo para el poeta?**
    R. — Es el que da el don de la inspiración (Salmo 68:18; Efesios 4:7, 8).

27. **¿Qué es Cristo para el pedagogo?**
    R. — Es el maestro intachable de los evangelios (1 Pedro 2:22).

28. **¿Qué es Cristo para el ingeniero?**
    R. — Es el único que ha podido trazar el camino al cielo (Juan 14:6).

29. **¿Qué es Cristo para el ateo?**

R. — Es la Palabra, convertida en persona tangible (Juan 1:1, 14).

30. ¿Qué es Cristo para el comerciante?

R. — Es el único que con su muerte pagó el precio de nuestra eterna redención (Hebreos 9:12, 14; Romanos 6:23).

31. ¿Qué es Cristo para el cardiólogo?

R. — El que extrae el corazón enfermo y de piedra, y en su lugar nos coloca uno nuevo, de carne, sano y limpio (Ezequiel 36:26).

32. ¿Qué es Cristo para el ministro?

R. — Es el Príncipe de los pastores (1 Pedro 5:4).

33. ¿Qué es Cristo para el escritor?

R. — Es el único que no escribió ningún libro, y sin embargo, millones de libros hablan de El, como el Salvador (Juan 21:24, 25).

34. ¿Qué es Cristo para el psiquiatra?

R. — Es el único que puede cambiar nuestra mente (Hechos 9:1, 20; 1 Corintios 2:16).

35. ¿Qué es Cristo para el pediatra?

R. — Es el médico que indica cómo nacer de nuevo, y receta qué alimentos tomar (Juan 3:3, 15; Mateo 4:4; 1 Pedro 2:2; Juan 5:39).

36. ¿Qué es Cristo para el biólogo?

R. — Es la esencia de la vida física, material, emotiva y espiritual (Juan 14:6; Colosenses 1:16).

37. ¿Qué es Cristo para el historiador?

R. — Es el único que conoce a perfección la

historia pasada, presente y futura de todo lo creado (Génesis 1:26; Hebreos 13:8).

38. ¿Qué es Cristo para el escatólogo?

R. — Es el conocedor del principio y el fin de la humanidad y del universo (Apocalipsis 1:8; 20:10, 12, 15; Juan 5:22).

CAPITULO 3
JESUS, LA PROFECIA Y SU CUMPLIMIENTO

1. **¿Quién predijo que Jesús sería entregado?**

   R. — David (Salmo 41:9). El cumplimiento de esta profecía lo encontramos en Marcos 14:10, que dice: "Entonces Judas Iscariote, uno de los doce, fue a los principales sacerdotes para entregárselo."

2. **¿Quién predijo que Jesús sería herido, y las ovejas huirían?**

   R. — Zacarías (Zacarías 13:7). El cumplimiento de esta profecía lo encontramos en Marcos 14:49, 50, que dice: "Entonces todos los discípulos, dejándole, huyeron."

3. **¿Quién predijo que Jesús sería vendido?**

   R. — Zacarías. (Zacarías 11:12). El cumplimiento de esta profecía lo encontramos en Mateo 26:14, 15, que dice: "¿Qué me queréis dar, y yo os lo entregaré? Y ellos le asignaron treinta piezas de plata."

4. **¿Quién predijo que Jesús sería azotado y escupido?**

   R. — Isaías (Isaías 50:6). El cumplimiento de esta profecía lo encontramos en Mateo 27:26, 30, que dice: "Y escupiéndole, tomaban la caña y le golpeaban en la cabeza."

5. **¿Quién predijo que Jesús sería puesto ante sus adversarios?**

R. — David (Salmo 69:19). El cumplimiento de esta profecía lo encontramos en Mateo 27:27, que dice: "Entonces los soldados del gobernador llevaron a Jesús al pretorio, y reunieron alrededor de El a toda la compañía."

6. **¿Quién predijo que Jesús sería acusado falsamente?**

R. — David (Salmo 35:11). El cumplimiento de esta profecía lo encontramos en Marcos 14:57, que dice: "Entonces levantándose unos, dieron falso testimonio contra él."

7 **¿Quién predijo que Jesús sería perseguido con espada?**

R. — Zacarías (Zacarías 13:7). El cumplimiento de esta profecía lo encontramos en Mateo 26:47, que dice: "Mientras todavía hablaba, vino Judas, uno de los doce, y con él mucha gente con espadas y palos."

8. **¿Quién predijo que los vestidos de Jesús serían repartidos?**

R. — David (Salmo 22:18). El cumplimiento de esta profecía lo encontramos en Mateo 27:35, que dice: "Cuando le hubieron crucificado, repartieron entre sí sus vestidos."

9. **¿Quién predijo que Jesús no abriría su boca?**

R. — Isaías (Isaías 53:7). El cumplimiento de esta profecía lo encontramos en Mateo 26:63, que dice: "Mas Jesús callaba."

10. **¿Quién predijo que se burlarían de Jesús?**

R. — David (Salmo 109:25). El cumplimiento de esta profecía lo encontramos en Mateo 27:39, que dice: "Y los que pasaban le injuriaban, meneando la cabeza."

11. ¿Quién predijo que por la llaga de Jesús seríamos curados?

R. — Isaías (Isaías 53:5). El cumplimiento de esta profecía lo encontramos en 1 Pedro 2:24, que dice: "Y por cuya herida fuisteis sanados."

12. ¿Quién predijo que a Jesús le darían a beber vinagre?

R. — David (Salmo 69:21). El cumplimiento de esta profecía lo encontramos en Mateo 27:48, que dice: "Corriendo uno de ellos, tomó una esponja, y la empapó de vinagre, y poniéndola en una caña le dio a beber."

13. ¿Quién predijo que Jesús tendría sed?

R. — David (Salmo 69:28). El cumplimiento de esta profecía lo encontramos en Juan 19:28, que dice: "Después de esto, sabiendo Jesús que ya todo estaba consumado, dijo, para que la Escritura se cumpliese: Tengo sed."

14. ¿Quién predijo que observarían a Jesús cuando estuviera en la cruz?

R. — David (Salmo 22:17). El cumplimiento de esta profecía lo encontramos en Lucas 23:35, que dice: "El pueblo estaba mirando."

15. ¿Quién predijo que mirarían a Jesús, a quien habían traspasado?

R. — Zacarías (Zacarías 12:10). El cumplimiento de esta profecía lo encontramos en Apocalipsis 1:7, que dice: "He aquí que viene con las nubes, y todo ojo le verá, y los que le traspasaron."

16. ¿Quién predijo que Jesús derramaría hasta la sangre que tenía en el corazón?

R. — David (Salmo 22:14). El cumplimiento de esta profecía lo encontramos en Juan 19:34, que dice: "Pero uno de los soldados le abrió el costado con una lanza, y al instante salió sangre y agua."

17. ¿Quién predijo que los amigos de Jesús lo mirarían de lejos?

R. — David (Salmo 38:11). El cumplimiento de esta profecía lo encontramos en Lucas 23:49, que dice: "Pero todos sus conocidos, y las mujeres que le habían seguido desde Galilea, estaban lejos mirando."

18. ¿Quién predijo que las rodillas de Jesús se debilitarían?

R. — David (Salmo 109:24). El cumplimiento de esta profecía lo encontramos en Mateo 27:32, que dice: "Cuando salían hallaron a un hombre de Cirene, que se llamaba Simón; a éste obligaron a que llevase su cruz."

19. ¿Quién predijo que Jesús se encomendaría a Jehová?

R. — David (Salmo 31:5). El cumplimiento de esta profecía lo encontramos en Lucas 23:46, que dice: "Padre en tus manos encomiendo mi espíritu."

20. ¿Quién predijo que Jesús sería llevado a la cruz como un cordero?

R. — Isaías (Isaías 53:7). El cumplimiento de esta profecía lo encontramos en Juan 1:29, que dice: "He aquí el cordero de Dios que quita el pecado del mundo."

21. **¿Quién predijo que Jesús oraría por los pecadores?**

    R. — Isaías (Isaías 53:12). El cumplimiento de esta profecía lo encontramos en Lucas 23:34, que dice: "Padre, perdónalos, porque no saben lo que hacen."

22. **¿Quién predijo que Jesús clamaría: "Dios mío, ¿por qué me has desamparado?**

    R. — David (Salmo 22:1). El cumplimiento de esta profecía lo encontramos en Mateo 27:46, que dice: "Dios mío, Dios mío, ¿por qué me has desamparado?"

23. **¿Quién predijo que Jesús sería desfigurado por los hombres?**

    R. — Isaías (Isaías 52:14). El cumplimiento de esta profecía lo encontramos en Juan 19:5, que dice: "Y salió Jesús, llevando la corona de espinas y el manto de púrpura."

24. **¿Quién predijo que Jesús diría: "En tus manos encomiendo mi espíritu"?**

    R. — David (Salmo 31:5). El cumplimiento de esta profecía lo encontramos en Lucas 23:47, que dice: "Padre, en tus manos encomiendo mi espíritu.

25. **¿Quién predijo que serían agujereados las manos y los pies de Jesús?**

    R. — David (Salmo 22:16). En Juan 20:25, 27 dice: "Pon aquí tu dedo, y mira mis manos"

26. **¿Quién predijo que a Jesús no le quebrarían ningún hueso?**

    R. — David (Salmo 34:20). El cumplimiento de esta profecía lo encontramos en Juan

19:33, que dice: "Mas cuando llegaron a Jesús, como le vieron ya muerto, no le quebraron las piernas."

27. ¿Quién predijo que Jesús sería contado como pecador?

R. — Isaías (Isaías 53:12). El cumplimiento de esta profecía lo encontramos en Marcos 15:28, que dice: "Y se cumplió la Escritura que dice: y fue contado con los inicuos."

28. ¿Quién predijo que se le quitaría la vida al Mesías?

R. — Daniel (Daniel 9:26). El cumplimiento de esta profecía lo encontramos en Juan 11:50, que dice: "No pensáis que nos conviene que un hombre muera por el pueblo."

29. ¿Quién predijo que en la boca de Jesús no habría maldad ni engaño?

R. — Isaías (Isaías 53:9). El cumplimiento de esta profecía lo encontramos en 1 Pedro 2:22, que dice: "El cual no hizo pecado, ni se halló engaño en su boca."

30. ¿Quién predijo que habría enemistad entre la simiente del diablo y la simiente de la mujer, Jesucristo, y que éste lo heriría en la cabeza?

R. — Dios (Génesis 3:15). El cumplimiento de esta profecía lo encontramos en Mateo 28:18, que dice: "Toda potestad me es dada en el cielo y en la tierra." Y así recibió Satanás el golpe aplastante en la cabeza.

SECCION II

PROFECIA

CAPITULO 4
¿QUE CLASE DE PROFETA FUE?

1. **¿Qué profeta fue arrojado a una cisterna de cieno?**
   R. — Jeremías (Jeremías 38:6).

2. **¿Qué profeta fue arrojado a un foso de leones y no sufrió ni un rasguño?**
   R. — Daniel (Daniel 6:16).

3. **¿Qué profeta verdadero mató a cuatrocientos cincuenta profetas falsos?**
   R. — Elías (1 Reyes 18:19 y 19:1).

4. **¿De qué profeta se burlaron cuarenta y dos muchachos y murieron?**
   R. — Eliseo (2 Reyes 2:23, 24).

5. **¿Qué profeta vio un gran ejército de huesos secos?**
   R. — Ezequiel (Ezequiel 37:7).

6. **¿Qué profeta predijo, setecientos años antes, que Jesús nacería en Belén?**
   R. — Miqueas (Miqueas 5:2).

7. **¿Qué profeta apareció con Moisés, en el monte de la transfiguración?**
   R. — Elías (1 Reyes 18:22 y Lucas 9:30).

8. **¿Qué profeta, por consentimiento de él mismo, fue arrojado al mar y tragado por un gran pez?**
   R. — Jonás (Jonás 1:15, 17).

9. **¿Qué profeta predijo, más de quinientos años antes, que Jesús iba a ser crucificado?**

    R. — Daniel (Daniel 9:26).

10. **¿Qué profeta fue más distinguido por Jesús?**

    R. — Juan el Bautista (Lucas 7:28).

11. **¿Qué hombre estaba arando cuando fue llamado para ser profeta?**

    R. — Eliseo (1 Reyes 19:16, 19).

12. **¿Qué profeta fue decapitado?**

    R. — Juan el Bautista (Mateo 14:10).

13. **¿Qué profeta fue el que escribió las profecías más hermosas y sublimes del Mesías, y predijo el ministerio que Jesús iba a tener?**

    R. — Isaías (Isaías 53 y 61:1).

14. **¿Qué profeta recetó una masa de higos para una enfermedad?**

    R. — Isaías (Isaías 38:21).

15. **¿Qué profeta predijo que la ciencia sería aumentada?**

    R. — Daniel (Daniel 12:4).

CAPITULO 5
CIENCIA, PROFECIA Y FUTURO

1. **¿Quién afirmó que la tierra flota en el espacio, sin apoyo visible?**

    R. — Job (Job 26:7). Las fotografías tomadas por los astronautas que han viajado a la luna, muestran con gran claridad esta verdad, que Job ya había dicho 3,500 años antes, al decir: "Cuelga la tierra sobre nada".

2. **¿Quién afirmó que la tierra gira sobre su eje?**

    R. — Cristo. Hablando de su venida dijo: "Os digo que aquella noche estarán dos en una cama" (Lucas 17:34); "Dos mujeres estarán moliendo juntas" (Lucas 17:35) y "Dos estarán en el campo" (Lucas 17:36). ¿Cómo puede ser de noche en un lugar, mientras que, en los otros dos es mañana y mediodía al mismo instante? Esto puede suceder solamente al girar la tierra sobre su propio eje.

3. **¿Quién afirmó que hay millones de estrellas en el cielo, como la arena del mar?**

    R. — Dios. El le dijo a Abraham: "Por mí mismo he jurado, multiplicaré tu descendencia como las estrellas del cielo y como la arena que está a la orilla del mar". Hoy, si se le pregunta a cualquier astrónomo, nos responderá que hay millones de estrellas en el cielo, como arena a la orilla del mar. (Génesis 22:16, 17.)

4. ¿Quién afirmó que el mundo es redondo?

R. — El profeta Isaías. El dijo: "¿No sabéis?
¿No habéis oído? ¿Nunca os lo han dicho
desde el principio? ¿No habéis sido enseña-
dos desde que la tierra se fundó? El está
sentado sobre el círculo de la tierra, cuyos
moradores son como langostas; él extiende
los cielos como una cortina, los despliega
como una tienda para morar" (Isaías 40:21,
22; Santiago 3:6).

**5. ¿Quién afirmó que el interior de la tierra es
fuego.**

R. — Fue Job. El dijo: "De la tierra nace el pan
y debajo de ella está como convertida en
fuego" (Job 28:5). La ciencia lo aprueba, al
tener hoy en día un conocimiento a fondo del
globo terráqueo y de la superficie de la tierra.
Así nos dice que la capa superior, la cual es
de 35 a 80 kilómetros de grueso, es bastante
sólida. Pero más allá de los 80 kilómetros de
profundidad, es líquida como el hierro que
fluye del horno de fundición.

6. ¿Quién afirmó que el viento pesa?

R. — Job. "Dios entiende el camino de la
sabiduría, y conoce su lugar. Porque él mira
hasta los fines de la tierra. Y ve cuanto hay
bajo los cielos. Al dar peso al viento. . ." (Job
28:23-25). Galileo Galilei (año 1633) y Evangelista Torricelli (año 1643) sentaron las
bases que permitirían descubrirlo. Pero Job
ya lo había afirmado 3.500 años antes.

**7. ¿Quién predijo que los hombres tratarían de
llegar al cielo por sus propios medios?**

R. — Fue Amós: "Aunque subieren hasta el

cielo, de allá los haré descender" (Amós 9:2).

8. ¿Quién predijo que una nación se levantaría contra otra?

R. — Fue Jesús: "Porque se levantará nación contra nación, y reino contra reino. Desde la Segunda Guerra Mundial, ciertas naciones se han levantado unas contra otras, buscando cualquier arbitrariedad para invadirlas, e imponérseles. Tal como Jesús lo predijo: nación contra nación, cumplimiento fiel, y señal de que El retornará (Mateo 24:7).

9. ¿Quién predijo gran confusión en la gente, a causa del bramido del mar y sus olas?

R. — Fue Jesús. En Lucas 21:25, dijo: "Y en la tierra angustia de las gentes, confundidas a causa del bramido del mar y de las olas." El apóstol Juan confirma las palabras de Jesús, al predecir que un gran monte será lanzado al mar, y de acuerdo con la profecía una tercera parte de los navíos en el mar será destruida. Esto provocará gran confusión en la gente, tal como Jesús lo predijo ya, siendo señal de su inminente regreso (Apocalipsis 8:8, 9).

10. ¿Quiénes predijeron la restauración de Israel?

R. — Ezequiel, Daniel, Isaías y los demás profetas. El 15 de mayo de 1948, Israel fue declarado país libre, y en él habitan actualmente más de 3.000.000 de judíos. La profecía de Ezequiel ha sido cumplida: "Y yo os tomaré de las naciones, y os recogeré de todas las tierras, y os traeré a vuestro país... Yo Jehová he hablado, y lo haré". Es una señal del retorno de Jesucristo (Ezequiel

36:24, 26, 28, 33, 36 y Salmo 102:16).

11. ¿Quiénes predijeron que habría terremotos en los últimos días?

R. — Fueron Jesús y el profeta Isaías. Jesús dijo: "Habrá grandes terremotos." Este cumplimiento profético ha aumentado en el tiempo presente de manera asombrosa. Ver también Isaías 2:4.

12. ¿Quién predijo que la ciencia sería aumentada?

R. — El profeta Daniel. "Pero tú, Daniel, cierra las palabras y sella el libro hasta el tiempo del fin. Muchos correrán de aquí para allá, y la ciencia se aumentará" (Daniel 12:4). Los hombres llegaron a la luna el 24 de julio de 1969. Tenemos también el invento de la computadora electrónica. Hay televisión a color, ya existe el primer corazón artificial, se ha aislado un virus canceroso, y existen la cibernética, los viajes supersónicos, el teléfono de pantalla y la cirugía de trasplantes.

13. ¿Quién predijo que vendrían falsos maestros, diciendo que ellos son el Cristo?

R. — Jesús lo dijo casi 2.000 años atrás. El dijo "Porque vendrán muchos en mi nombre diciendo: Yo soy el Cristo" (Mateo 24:5).

14. ¿Quién predijo que habría guerras?

R. — Jesús. "Y oiréis de guerras y rumores de guerras; mirad que no os turbéis, porque es necesario que todo esto acontezca; pero aún no es el fin." El hombre ha participado en 15.000 guerras y ha firmado 8.000 tratados de paz. Del año 1900 al 1977, han estallado más de 180 guerras y ofensivas inmediatas. Jesús predijo que habría guerras como una prueba más de su pronta venida (Números 24:8 y Mateo 24:6).

15. **¿Quién predijo que habría hambres?**

R. — Jesús. El dijo: "Y habrá hambres..." El tercer jinete del Apocalipsis es "el hambre". El mundo está llegando a los cuatro mil millones de habitantes. La Biblia indica que una parte morirá por la espada, otra con mortandad, otra por las fieras, y por último, otra por el hambre (Mateo 24:7).

16. **¿Quién predijo que Jesús vendrá como hijo de hombre?**

R. — El profeta Daniel... "He aquí con las nubes del cielo venía uno como hijo de hombre." (Daniel 7:13). Lo predijo hace más de 2.500 años. Todas las señales que usted ha leído, nos indican que Jesús regresará.

17. **¿Quién predijo que los gentiles codiciarían la tierra de Israel?**

R. — El profeta Ezequiel (Ezequiel 38:10-18). Israel produce cereales, aceites, agrios, sales, potásicos, textiles, fosfatos, caucho, plástico, diamantes y petróleo.

18. **¿Quién predijo la evangelización mundial?**

R. — Jesús. Este Evangelio está siendo predicado en todo el mundo, por medio de evangelistas, misioneros, pastores, la prensa escrita y la prensa hablada (radio y televisión) (Mateo 24:27; Marcos 16:15).

SECCION III

PERSONAJES BIBLICOS

A. NOMBRES

CAPITULO 6
¿QUIEN SOY?

1. **¿Quién soy? Era joven y estaba en un país extraño, pero Dios estaba conmigo: fui sacado de la cárcel y hecho gobernador de la nación. Todo esto sucedió cuando tenía entre 17 y 30 años.**
   R. — José (Génesis 37:2 y 41:40, 46).

2. **¿Quién soy? Fui profetisa, juez de Israel y descansaba a la sombra de unas palmeras.**
   R. — Débora (Jueces 4:4, 5).

3. **¿Quién soy? Desobedecí a Dios, perseguí a un futuro rey, consulté a una adivina y morí con mi propia espada.**
   R. — Saúl (1 Samuel 28:3-13).

4. **¿Quién soy? Fui esposa de Jacob, Dios me dio dos hijos, y al nacer el segundo morí.**
   R. — Raquel (Génesis 35:16-18).

5. **¿Quién soy? Fingí estar loco, maté un león, fui compositor, y confié en Dios.**
   R. — David (1 Samuel 17:34).

6. **¿Quién soy? Salí de mi tierra; mi esposo murió, mis hijos también, y quise mucho a mi nuera.**

R. — Noemí (Rut 1:22).

7. **¿Quién soy? Edifiqué un templo para Dios, y Él me dio mucha sabiduría, fama y riqueza. Fui también poeta, rey y escritor. Me visitaron representantes de otras naciones por la fama que yo tenía.**

R. — Salomón (1 Reyes 4:29, 34; 6:1-38).

8. **¿Quién soy? Fui libre de siete espíritus demoníacos, vi cuando sepultaron al Señor, y vi al Señor resucitado.**

R. — María Magdalena (Mateo 28:1, 10; Juan 20:16; Lucas 8:2, 3).

9. **¿Quién soy? Fui una muchacha judía, y estuvimos amenazados de muerte mi pueblo y yo. El libro donde se relata mi biografía no menciona la ley, la religión, ni el nombre de Dios, pero el poder de Dios interviene, ya sea, en los individuos, o en las naciones, porque Él nos salvó de la muerte. Yo estaba destinada a vivir, al igual que mi pueblo.**

R. — Ester (Ester, capítulos 1-10).

10. **¿Quién soy? Yo vivía en Jericó y era una pecadora, pero demostré mi arrepentimiento al esconder a unos hombres, y mi familia y yo nos salvamos.**

R. — Rahab (Josué 2:1, 3; 6:22, 23).

11. **¿Quién soy? Estuve enfermo de muerte, quité los ídolos, serví a Dios, un profeta oró por mí, sané de mi enfermedad y Dios me dio 15 años más de vida.**

R. — Ezequías (2 Reyes 20:1, 6, 11).

12. **¿Quién soy? Cuando fui joven, el noviazgo**

no fue problema para mí; nunca busqué novia, pero de todas maneras la encontré. Cuando la vi, me agradó mucho su hermoso semblante, y nos casamos.

R. — Isaac (Génesis 24).

13. **¿Quién soy?** Conocí las letras de los hombres y fui autor de un libro. En mi juventud me llevaron preso a una ciudad perversa, donde viví una vida sin pecado delante de Dios, y en medio de la sensualidad de la corte oriental, llegue a ser gobernador.

R. — Daniel (Daniel 1:8; 2:27-49).

14. **¿Quién soy?** Fui hijo de un sacerdote: mi nacimiento lo anunció un ángel, y exhorté a la gente al arrepentimiento.

R. — Juan el Bautista (Lucas 1:5-25).

15. **¿Quién soy?** Maté a un rey, exterminé el culto a Baal, dejé unos ídolos sin destruir y desobedecí a Dios.

R. — Jehú (2 Reyes 9 y 10).

16. **¿Quién soy?** Obedecí a Dios, quité los ídolos, celebré la pascua y durante mi reinado un sacerdote halló el libro de la ley dada por Moisés.

R. — Josías (2 Reyes 22 y 23:1-30; 2 Crónicas 34:14).

17. **¿Quién soy?** Fui juez de Israel. Mi familia era pobre. Derribé el altar de Baal y derroté a los madianitas.

R. — Gedeón (Jueces 6:14, 15; Jueces 7:22, 23).

18. **¿Quién soy?** Fui rey, edifiqué un gran edifi-

cio, serví a los ídolos y tuve la mente de un animal.

R. — Nabucodonosor (Daniel 4:30, 33).

19. ¿Quién soy? No soy celoso, ni envidioso; soy paciente, soy benigno; no soy orgulloso, ni jactancioso; no soy egoísta, ni irritable. No me gustan las injusticias, pero me regocijo cuando triunfa la verdad.

R. — El amor (1 Corintios 13).

20. ¿Quién soy? Cené con Jesús, después lo traicioné, y por último me ahorqué.

R. — Judas Iscariote (Mateo 26:25, 47; 27:3, 5).

21. ¿Quién soy? Fui rey e hice una fiesta que duró seis meses. La reina desafió mi orden. El libro donde está mi historia no menciona el nombre de Dios, pero Él interviene de una manera invisible, cuidando y salvando a su pueblo.

R. — Asuero (Ester 1:4, 11, 12; 10:3).

22. ¿Quién soy? Maté a un hombre; hablé con Dios: fui el más paciente de los hombres, y el arcángel Miguel defendió mi cadáver contra Satanás.

R. — Moisés (Exodo 33:11; Números 12:3; Judas 1:9).

23. ¿Quién soy? Mi padre fue el hombre más sabio que ha existido. A la edad de 41 años comencé a reinar, y siempre estuve en guerra con Jeroboán.

R. — Roboam (1 Reyes 3:12; 14:21; 15:6).

24. ¿Quién soy? Un mensajero del cielo me

visitó cuando todavía no me había casado y me nació un hijo, después un rey quiso matar a mi hijo, pero Dios lo cuidó.

R. — María (Mateo 2:7; Lucas 1:27, 33, 34).

25. **¿Quién soy? Fui sacerdote; nunca corregí a mis hijos; por eso Dios mandó juicio y murieron.**

R. — Elí (1 Samuel 3:13; 4:11).

26. **¿Quién soy? Mi oficio fue el de sacerdote. Ayudé a dirigir a los israelitas, e hice un becerro de oro. Mi hermano escribió uno de los más bellos temas de la historia.**

R. — Aarón (Exodo 32:1-4).

27. **¿Quién soy? Nací en Tisbe; fui profeta; predije una larga sequía y Dios me llevó vivo al cielo.**

R. — Elías (1 Reyes 17:1, 7; 2 Reyes 2:11).

28. **¿Quién soy? Fui profeta de Dios y vi la ascensión de Elías. Le pedí a Dios que le diera un hijo a una mujer, y cuando me sepultaron, un varón resucitó.**

R. — Eliseo (2 Reyes 2:10, 11; 4:14, 15, 37).

29. **¿Quién soy? Luché con un ángel; tuve un disgusto con mi hermano; mi madre me quería a mí y mi padre prefería a mi hermano.**

R. — Jacob (Génesis 32:22-32).

30. **¿Quién soy? Fui hijo de un rey; mi padre desobedeció a Dios, y fui íntimo amigo de David.**

R. — Jonatán (1 Samuel 18:1-5).

31. **¿Quién soy? Fui sacerdote, hospedé a**

Moisés, y le di una de mis hijas por esposa.

R. — Jetro (Exodo 2:21; 18:1, 3).

32. ¿Quién soy? Fui patriarca, tuve una enfermedad desde la cabeza hasta los pies, fui privado de mis bienes, mis hijos y mis amigos, pero después de esperar con paciencia en Dios, El me dio el doble de lo que había tenido.

R. — Job (Job 1 y 2).

33. ¿Quién soy? Fui caudillo de los hebreos, mi nombre al principio fue Oseas, y conduje al pueblo de Dios a la tierra prometida.

R. — Josué (Números 13:8; Josué 3:1, 17).

34. ¿Quién soy? Fui patriarca, único hijo de mis padres, Dios probó a mi padre diciéndole que me sacrificara, y viendo su obediencia, le dio un carnero para el sacrificio.

R. — Isaac (Génesis 22:11, 16).

35. ¿Quiénes somos? Fuimos espías, reconocimos la tierra que Dios nos prometió, y los otros espías, que eran diez, murieron en Horma.

R. — Caleb y Josué (Números 14:36, 38, 45).

36. ¿Quién soy? Fui gemelo con mi hermano, formamos dos naciones, y yo serví a mi hermano menor.

R. — Esaú (Génesis 25:22, 26).

37. ¿Quién soy? Nací en la vejez de mis padres, a los 17 años, apacentaba ovejas, mis hermanos me odiaban, y llegué a ser el segundo del rey.

R. — José (Génesis 37:1, 4).

38. ¿Quién soy? Fui uno de los apóstoles, era hermano de Juan, y estuve con Jesús en la transfiguración.

R. —Jacobo (Mateo 17:1, 5).

39. ¿Quién soy? Nací en Caná de Galilea, fui uno de los primeros en conocer al Mesías, y fui discípulo de Jesús.

R. —Natanael (Juan 1:43, 51).

40. ¿Quién soy? El lugar de mi nacimiento es ignorado, fui apóstol de Jesús, y fui reprendido duramente por Jesús por no creer en su resurrección.

R. —Tomás (Juan 20:24, 29).

41. ¿Quién soy? Era de nacionalidad judía, fui a Babilonia con mucha gente, tuve muchas amistades, un rey me dio autoridad, y fui reina.

R. —Ester (Ester 2:17).

42. ¿Quién soy? Yo era moabita, contraje matrimonio con un varón de Judá y quise mucho a mi suegra. Pueden imitarme todas las mujeres. Dios me bendijo mucho, y mi biografía completa la encuentran en la Biblia.

R. —Rut (Rut 1 al 4).

43. ¿Quién soy? Ungí los pies de Jesús con perfume y los enjugué con mis cabellos. El discípulo que lo traicionó, me criticó.

R. —María (Juan 12:3, 4).

44. ¿Quién soy? Fui judía y mi marido era griego. Instruí a mi hijo en el Evangelio.

R. —Eunice (Hechos 16:1; 2 Timoteo 1:5).

45. ¿Quién soy? Mi esposo fue llamado amigo

de Dios. Fui mujer hermosa y admirada por los habitantes de un país de Africa. Dios prometió que nos daría un hijo y lo cumplió.

R. — Sara (Génesis 21:1, 7; 2 Crónicas 20:7).

46. **¿Quién soy? Fui esposa de un sacerdote. No teníamos hijos, y Dios nos dio un hijo en nuestra vejez.**

R. — Elisabet (Lucas 1:5, 7, 24).

47. **¿Quién soy? Caminamos por un desierto, critiqué a mi hermano, y Dios me castigó con la lepra.**

R. — María, la hermana de Moisés (Números 12:10).

48. **¿Quién soy? Fui el autor de uno de los evangelios no siendo apóstol, y con la ayuda de Pedro, escribí para los gentiles.**

R. — Juan Marcos (Colosenses 4:10).

49. **¿Quién soy? Nací en Judea. Mis padres eran de linaje sacerdotal, y mi nacimiento, nombre y misión los anunció un ángel. Le prediqué a la gente que sin arrepentimento no hay perdón de pecados.**

R. — Juan el Bautista (Lucas 1:5, 25; 3:2, 3).

50. **¿Quién soy? Vivía en una ciudad perversa. Dios mandó a dos ángeles y salí con mi familia de la ciudad.**

R. — Lot (Génesis 18:20).

51. **¿Quién soy? Fui autor de dos libros, amigo y compañero de Pablo, evangelista y médico.**

R. — Lucas (Colosenses 4:14).

52. **¿Quién soy? Nací en la ciudad de Betsaida.**

Fui hermano de Pedro y discípulo de Juan el Bautista, y el primero en seguir a Jesús. Mi llamamiento tuvo lugar junto a la ribera del mar de Galilea.

R. — Andrés (Marcos 1:16).

53. ¿Quién soy? Nací en Egipto. Vi cómo sufría mi pueblo; hablé con Dios, y liberté a mi pueblo.

R. — Moisés (Exodo 33:11).

54. ¿Quién soy? Fui patriarca. Exhorté a la gente al arrepentimiento, pero se burló de mí y de mi prédica. Dios la destruyó, y sólo mi familia y yo nos salvamos.

R. — Noé (Génesis 7:3).

55. ¿Quién soy? Nací en Galilea. Mi religión era judía ortodoxa; mi profesión, publicano. Me radiqué en Capernaum, fui discípulo e hice una fiesta en honor de Jesús.

R. — Leví (Lucas 5:27, 32).

56. ¿Quién soy? Nací en la ciudad de Betsaida. Fui pescador, hijo de Zebedeo; prediqué el Evangelio, y en mi vejez escribí un libro donde contaba la revelación que había recibido sobre el final de los tiempos

R. — Juan (Marcos 1:16, 20).

57. ¿Quién soy? Me enamoré de una mujer, mis padres me dijeron que no estaba bien, pero yo les dije que sí. Nos casamos, y por haber desobedecido a mis padres, me convertí en juguete de mis enemigos.

R. — Sansón (Jueces 14:3; 16:4-25).

CAPITULO 7
¿QUIEN O QUIENES?

1. **¿Quiénes ofrecieron fuego extraño?**
   R. — Fueron Nadab y Abiú (Levítico 10:1).

2. **¿Qué hombre mintió y al instante murió y transcurrido un lapso como de tres horas su esposa también mintió y murió?**
   R. — Ananías y su esposa Safira (Hechos 5:1-11).

3. **¿Quién vio gente de a caballo y carros de fuego?**
   R. — Fue el criado de Eliseo (2 Reyes 6:17).

4. **¿Quién dedicó a su hijo desde niño al servicio de Dios?**
   R. — Fue Ana (1 Samuel 1:28).

5. **¿De quién era hija Raquel?**
   R. — De Labán (Génesis 29:5, 6).

6. **¿Quién profetizó más sobre el nacimiento de Cristo?**
   R. — Fue Isaías (Isaías 11:1-5).

7. **¿Quién mandó matar a los niños menores de dos años en el Nuevo Testamento?**
   R. — Fue Herodes el grande (Mateo 2:16).

8. **¿Quién tenía una túnica de diferentes colores?**
   R. — José (Génesis 37:3).

9. **¿Quién vendió su primogenitura por un plato de comida?**

   R. — Fue Esaú (Génesis 25:31-33).

10. **¿Quién comió lo que los cuervos le traían?**

    R. — Fue Elías (1 Reyes 17:6).

11. **¿Quién fue muerto con una piedra del arroyo?**

    R. — Fue Goliat (1 Samuel 17:10, 40, 49).

12. **¿Quién pidió agua de beber, y le dieron leche?**

    R. — Fue Sísara (Jueces 4:18, 19).

13. **¿Quién mantuvo sus brazos en alto y ganó una batalla?**

    R. — Fue Moisés (Exodo 17:11, 12).

14. **¿Quién fue muerta y su cuerpo no se convirtió en cadáver ni fue sepultado?**

    R. — La esposa de Lot (Génesis 19:26).

15. **¿Quién tuvo mente animal por siete años?**

    R. — Fue Nabucodonosor (Daniel 4:33).

16. **¿Quién fue muerto con una estaca de tienda?**

    R. — Fue Sísara (Jueces 4:21).

17. **¿Quién fue muerto con una piedra de molino?**

    R. — Fue Abimelec (Jueces 9:53).

18. **¿Quiénes murieron al caérseles encima un gran edificio?**

    R. — Fueron Sansón y los filisteos (Jueces 16:29, 30).

19. **¿Quién quedó colgado por el cabello de un árbol?**

    R. — Fue Absalón (2 Samuel 18:9).

20. **¿Quién, en el Nuevo Testamento, fue apedreado, y murió mártir?**

    R. — Fue Esteban (Hechos 7:58, 60).

21. **¿Quién quedó leproso, para siempre, al igual que su descendencia?**

    R. — Fue Giezi (2 Reyes 5:27).

22. **¿Quiénes juraron no comer ni beber, hasta darle muerte a Pablo?**

    R. — Fueron más de cuarenta judíos (Hechos 23:12, 13).

23. **¿Quién escribió el libro de Hechos?**

    R. — Fue Lucas (Lucas 1:2, 3 y Hechos 1:1).

24. **¿Quién maldijo una higuera y se secó?**

    R. — Fue Jesús (Mateo 21:18-22).

25. **¿A quién se dirige el libro de los Hechos?**

    R. — A Teófilo (Hechos 1:1).

26. **¿Quién vio un lienzo que bajaba del cielo?**

    R. — Fue Pedro (Hechos 10:9-13).

27. **¿Quién besó a Jesús y después lo entregó?**

    R. — Fue Judas (Lucas 22:47).

28. **¿Quién preparó una horca y a él mismo lo ahorcaron?**

    R. — Fue Amán (Ester 7:9, 10).

29. **¿A quién se le murieron siete hijos y tres hijas?**

    R. — A Job (Job 1:2, 19).

30. **¿Quién instruyó a Pablo en la Ley?**
R. — Fue Gamaliel (Hechos 22:3).

31. **¿Quién es llamado pregonero de justicia?**
R. — Noé (2 Pedro 2:5).

32. **¿Quién le dijo al Señor: "Heme aquí, envíame a mí?**
R. — Isaías (Isaías 6:8).

33. **¿A quién llamó Dios, instrumento escogido?**
R. — A Pablo (Hechos 9:15).

34. **¿De quién era la voz que clamaba en el desierto?**
R. — De Juan el Bautista (Juan 1:19, 23).

35. **¿Quién dibujó sobre un adobe la ciudad de Jerusalén?**
R. — Ezequiel (Ezequiel 4:1).

36. **¿A quién se le apareció primeramente Jesús, después de su resurrección?**
R. — A María Magdalena (Marcos 16:9).

37. **¿Quién es mencionado como el padre de todos los que tocan el arpa y la flauta?**
R. — Jubal (Génesis 4:21).

38. **¿Quién vino a Jesús, de noche?**
R. — Fue Nicodemo (Juan 3:1, 2).

39. **¿Quién reinó sobre 127 provincias, desde la India hasta Etiopía?**
R. — Asuero (Ester 1:1).

40. **¿A quién se le dijo que no reprendiese a los ancianos, sino que los exhortase como a padres?**

R. — A Timoteo (1 Timoteo 5:1).

41. **¿Quién fue al que un enemigo lo soñó bajo la figura de un pan de cebada?**

    R. — Gedeón (Jueces 7:13, 14).

42. **¿Quién tuvo una hija llamada Dina?**

    R. — Jacob (Génesis 34:1).

43. **¿Quién, estando en otro país, pidió que después de muerto, llevasen sus restos a Palestina?**

    R. — Jacob (Génesis 47:30).

44. **¿Quién escribió una carta para los creyentes expatriados que estaban en Ponto, Galacia, Capadocia, Asia y Bitinia?**

    R. — San Pedro (1 Pedro 1:1).

45. **¿Quién dijo que el hombre de doble ánimo es inconstante en todos sus caminos?**

    R. — Santiago (Santiago 1:8).

46. **¿Quién predicó el mensaje más largo del Nuevo Testamento?**

    R. — Fue el apóstol Pablo, puesto que estuvo predicando, casi toda una noche entera, en Troas (Hechos 20:7-11).

47. **¿Quién es el único y perfecto sacerdote de todo ser humano?**

    R. — Jesús (Hebreos 7:23, 27).

48. **¿A quién se le agregaron quince años más de vida?**

    R. — A Ezequías (Isaías 38:1-5).

49. **¿Quién fue el primer cirujano?**

    R. — Fue Dios (Génesis 2:21).

50. **¿Quién fue el primer sacerdote del Antiguo Testamento?**

R. — Aparece en el Génesis; su nombre fue Melquisedec (Génesis 14:18).

51. **¿Quiénes constituirán la trinidad diabólica?**

R. — Son tres:

a). Satanás (Apocalipsis 20:10).

b). El anticristo (1 Juan 2:22).

c). El falso profeta (Apocalipsis 19:20).

52. **¿Quién fue el primer mártir del Antiguo Testamento?**

R. — Fue Abel (Génesis 4:4, 8).

53. **¿Quién celebró el primer culto después del diluvio?**

R. — Noé y su familia (Génesis 8:20).

54. **¿Quién cometió el primer pecado y dónde se originó?**

R. — El primer pecado lo cometió Lucifer, y se originó en el cielo (Isaías 14:12-15; Ezequiel 28:14-16).

55. **¿Quién originó la primera guerra?**

R. — Satanás y sus ángeles (Apocalipsis 12:7-9).

56. **¿Quiénes fueron los dos primeros varones que siguieron a Jesús?**

R. — Fueron Pedro y Andrés (Mateo 4:18-20).

57. **¿Quién fue el primer músico del Antiguo Testamento?**

R. — Fue Jubal (Génesis 4:21).

58. **¿Quién era recaudador de impuestos en Jericó y se convirtió?**

R. — Zaqueo (Lucas 19:1-8).

59. **¿Quién le preguntó a Dios cuál era su nombre?**

R. — Moisés (Exodo 3:13, 14).

60. **¿Quién fue el legislador más grande del mundo?**

R. — Fue Moisés. Los diez mandamientos han servido de base para algunas constituciones modernas. Las leyes sanitarias, dietéticas, espirituales, sociales, políticas y económicas que promulgó Moisés, han permanecido hasta el día de hoy (Exodo 20:1, 7; Levítico caps.11 al 18).

61. **¿A quién se refirió Jesús, cuando dijo que entre los nacidos de mujer, no hay otro mayor?**

R. — A Juan el Bautista (Lucas 7:28).

62. **¿Quién afirmó que la Biblia es el libro de la redención?**

R. — Isaías (Isaías 2:1, 4; 9:7, 11; 11:1, 9; 35:1, 10).

63. **¿Quién quiere que los libros santos sean explicados?**

R. — Dios (Lucas 24:13-35 y Hechos 8:26-40).

64. **¿Quién fue el líder que dirigió un pueblo de 600.000 hombres, sin contar los niños?**

R. — Moisés (Exodo 3:10, 11, 12; 12:37).

65. **¿Quién fue la madre a la que le pagaron por cuidar a su propio hijo?**

R. — La madre de Moisés (Exodo 2:9).

66. ¿Quién escribió que los libros son fuente de felicidad y, mayormente, los que traen el mensaje de Dios?

R. — Juan..."Bienaventurado el que cree, y los que oyen... y guardan las cosas en ella escritas (Apocalipsis 1:3).

67. ¿Quién le ordenó a Juan escribir libros y enviarlos a las Iglesias?

R. — Dios (Apocalipsis 1:10, 11).

CAPÍTULO 8
VARONES QUE HICIERON HISTORIA

1. **¿Quién fue el varón que les puso nombre a todos los animales?**

   R. — Adán (Génesis 2:19).

2. **¿Quién fue el varón que, con cuatro palabras, detuvo el sol?**

   R. — El varón que dijo: "Sol, detente en Gabaón", y el sol se detuvo fue Josué (Josué 10:12, 13).

3. **¿Quién fue el primer varón cuya sangre fue derramada?**

   R. — Abel (Génesis 4:8, Lucas 11:50, 51).

4. **¿A quién se le apareció una mano que escribía?**

   R. — Fue el rey Belsasar. Mientras estaba en una fiesta, apareció una mano que escribió en la pared del palacio.(Daniel 5:1, 5).

5. **¿Quién fue el primero que puso a dos hombres en el espacio?**

   R. — Fue Dios: a Enoc (Génesis 5:24) y Elías (2 Reyes 2:11).

6. **¿Cuál fue la primera oración, pronunciada por Jesús, que aparece registrada?**

   R. — "Yo te alabo, oh Padre, Señor del cielo y de la tierra, porque escondiste estas cosas de los sabios y entendidos, y las has revelado a

los niños. Sí, Padre, porque así te agradó."
(Lucas 10:21).

7. **¿Quién fue dos veces de Jerusalén a Cesarea para salvar la vida?**
R. — Fue el apóstol Pablo (Hechos 9:30;
23:31, 33).

8. **¿Quién fue el varón que subió al tercer cielo y regresó?**
R. — Pablo (2 Corintos 12:1-5).

9. **¿Quién fue el primero en ser llevado al cielo?**
R. — Fue Enoc (Génesis 5:24).

10. **¿Quién fue el primer varón que hizo un viaje submarino?**
R. — Jonás (Jonás 2:1).

11. **¿Quién fue el primer predicador del Nuevo Testamento?**
R. — Fue Juan el Bautista (Mateo 3:1; Juan 1:6).

12. **¿Quién es el único y perfecto sacerdote de todo ser humano?**
R. — Jesús (Hebreos 7:21, 28).

13. **¿Quién fue el varón más fuerte del Antiguo Testamento?**
R. — Sansón (Jueces 13 al 16).

14. **¿Cuáles eran los nombres de los primeros diáconos que existieron en la época del Nuevo Testamento?**
R. — Eran: Esteban, Felipe, Prócoro, Nicanor, Timón, Parmenas, y Nicolás (Hechos 6:5).

15. **¿Quién fue el primer hombre que la Biblia mencionó como amigo de Dios?**

R. — Abraham (2 Crónicas 20:7; Isaías 41:8 y Santiago 2:23).

16. **¿Quién es el varón más sabio, rico e intelectual que ha existido?**

    R. — Salomón (2 Crónicas 1:12).

17. **¿Quién fue el hombre que construyó el primer edificio flotante?**

    R. — Noé (Génesis 6:14-16; 7:11; 8:13).

18. **¿Qué varón cambió el mundo con su visita?**

    R. — Jesús. Este mundo jamás había concebido un hombre igual, con tanto amor y tanta bondad; un hombre con tanto poder y tanta humildad, tanta sabiduría y tanta paciencia, tanta identificación con Dios y con los hombres, con el cielo y con la tierra. Su historia completa la podemos encontrar en los cuatro evangelios: Mateo, Marcos, Lucas y Juan. (Lucas 2:11; Juan 3:17).

19. **¿Quién fue el varón que peleó con Dios y venció?**

    R. — Fue Jacob. El ángel le dijo: "Has luchado con Dios y con los hombres y has vencido. No se dirá más tu nombre: Jacob, sino Israel." Hoy en todos los países del mundo es mencionado el nombre de Israel como nación (Génesis 32:28).

20. **¿Quién fue el varón que vivió más años que cualquier otro hombre?**

    R. — Vivió 969 años y fue Matusalén (Génesis 5:27).

21. **¿Qué escritor del Antiguo Testamento fue gran doctor e intérprete de la ley mosaica?**

R. — Esdras (Esdras 7:11, 12).

22. **¿Quién fue el orador de los apóstoles, el día de Pentecostés, cuando 3.000 judíos convertidos fueron agregados a la Iglesia?**

R. — Fue Pedro (Hechos 2:14-41).

23. **¿Quién fue el varón más paciente de la tierra?**

R. — Fue Moisés... También fue profeta, legislador y autor de los cinco primeros libros de la Biblia. Hoy en día se han hallado monumentos en Egipto que confirman la verdad histórica de lo expresado por él en la Santa Biblia (Números 12:3).

CAPITULO 9
MUJERES

1. **¿Qué mujer lloró siete días?**
   R. — La timnatea mujer de Sansón (Jueces 14:16, 17).

2. **¿Qué mujer fue llamada bienaventurada antes que María?**
   R. — Jael (Jueces 5:24).

3. **¿Qué mujer fue viuda por espacio de tres horas?**
   R. — Safira (Hechos 5:1, 7).

4. **¿Qué mujer fue madre de dos naciones?**
   R. — Rebeca (Génesis 25:21, 23).

5. **¿Qué mujer mató a un general?**
   R. — Jael (Jueces 4:21).

6. **¿Qué mujer recibió a Jesús en su casa?**
   R. — Marta (Lucas 10:38).

7. **¿Qué mujer dijo mentira para cubrir la verdad?**
   R. — Rahab (Josué 2:3, 4, 5).

8. **¿Qué mujer dio a luz dos guerreros?**
   R. — Rebeca (Génesis 25:22).

9. **¿Quién fue la bisabuela de David?**
   R. — Rut (Rut 4:13, 21, 22).

10. **¿Quién era la abuela de Timoteo?**
    R. — Loida (2 Timoteo 1:5).

11. **¿Quién era la suegra de Rut?**
    R. — Noemí (Rut 1:3, 4).

12. **¿Qué mujer fue resucitada por Pedro?**
    R. — Tabita (Hechos 9:40).

13. **¿Qué mujer escondió a dos espías?**
    R. — Rahab (Josué 2:3, 4).

14. **¿Qué mujer se rió de un ángel?**
    R. — Sara (Génesis 18:12, 13).

15. **¿Qué mujer les dio de comer a visitantes del cielo?**
    R. — Sara (Génesis 18:6, 10).

16. **¿Qué mujer habló con Dios?**
    R. — Eva (Génesis 3:13).

17. **¿Qué mujer fue comida por los perros?**
    R. — Jesabel (2 Reyes 9:35, 36).

18. **¿Qué mujer murió y no fue sepultada?**
    R. — La esposa de Lot (Génesis 19:26).

19. **¿Quién era la esposa de Saúl?**
    R. — Ahinoam (1 Samuel 14:50).

20. **¿Quién era la esposa amada de Jacob?**
    R. — Raquel (Génesis 29:28).

21. **¿Quién fue la primera esposa de David?**
    R. — Mical (1 Samuel 18:27).

22. **¿Quién era la esposa de Moisés?**
    R. — Séfora (Exodo 2:21).

23. **¿De quién era esposo Lapidot?**
    R. — Débora (Jueces 4:4).

24. **¿Quién era la esposa de Abraham?**

R. — Sara (Génesis 20:2).

25. **¿Quién era la esposa de Booz?**
R. — Rut (Rut 4:13).

26. **¿Quién era la esposa de Elcana?**
R. — Ana (1 Samuel 1:8).

27. **¿Quién era la esposa de Aarón?**
R. — Elisabet (Exodo 6:23).

28. **¿Quién era la esposa de Nabal?**
R. — Abigail (2 Samuel 3:3).

29. **¿Quién era la esposa de Esaú?**
R. — Aholibama (Génesis 36:2).

30. **¿Quién era la esposa de Isaac?**
R. — Rebeca (Génesis 24:67).

31. **¿Quién era la esposa de Roboam?**
R. — Maaca (2 Crónicas 11:20).

32. **¿Quién era la esposa de Amram?**
R. — Jocabed (Exodo 6:20).

33. **¿Quién era la esposa de Ananías?**
R. — Safira (Hechos 5:1).

34. **¿Quién era la esposa de Aquila?**
R. — Priscila (Hechos 18:2).

35. **¿Quién fue la segunda reina del rey Asuero?**
R. — Ester (Ester 2:17).

36. **¿Quién fue dada por esposa a Adriel, a pesar de que le correspondía a David?**
R. — Merab (1 Samuel 18:19).

CAPÍTULO 10
PADRES

1. **¿Qué padres no tuvieron bisabuela?**
   R. — Adán, Set, Caín y los hijos y hermanos de Caín y Set (Génesis 2:7).

2. **¿Cómo se llamaba el padre de los creyentes?**
   R. — Abraham (Romanos 4:11, 12).

3. **¿Cómo se llamaba el suegro de Moisés?**
   R. — Jetro (Exodo 3:1).

4. **¿Cómo se llamaba el suegro de David, que por desobedecer a Dios, murió con su propia espada?**
   R. — Saúl (1 Samuel 18:21; 28:18; 31:4).

5. **¿Cómo se llamaba el suegro de Isaac?**
   R. — Betuel (Génesis 24:15).

6. **¿Cómo se llamaba el padre que engendró treinta hijos y treinta hijas?**
   R. — Ibzán (Jueces 12:8, 9).

7. **¿Cómo se llamaba el padre que tuvo cuarenta hijos y treinta nietos?**
   R. — Abdón (Jueces 12:13, 14).

8. **¿Cómo se llamaba el padre de Sansón?**
   R. — Manoa (Jueces 13:8, 24).

9. **¿Cómo se llamaba el padre que engendró un hijo que tiene más de cuatro mil años vivo?**
   R. — Jared (Génesis 5:18, 24).

10. **¿Quién fue el padre de Dina?**
    R. — Jacob (Génesis 34:1).

11. **¿Quién fue el padre de Rebeca?**
    R. — Betuel (Génesis 24:15).

12. **¿Quién fue el padre de Raquel?**
    R. — Labán (Génesis 29:5, 6).

13. **¿Quién fue el padre de Gedeón?**
    R. — Joás (Jueces 7:14).

14. **¿Quién fue el padre de Samuel?**
    R. — Elcana (1 Samuel 1:1, 19, 20).

15. **¿Quién fue el padre de Efraín y de Manasés?**
    R. — José (Génesis 41:51, 52).

16. **¿Quién fue el padre de Jonatán?**
    R. — Saúl (1 Samuel 14:1).

17. **¿Quién fue el padre de Juan el Bautista?**
    R. — Zacarías (Lucas 1:59).

18. **¿Quién fue el padre de Jeremías?**
    R. — Hilcías (Jeremías 1:1).

19. **¿Quién fue el padre de Isaías?**
    R. — Amoz (Isaías 1:1).

20. **¿Quién era la esposa amada de Jacob?**
    R. — Raquel (Génesis 29:28).

21. **¿Quién fue el padre de Ezequiel?**
    R. — Buzi (Ezequiel 1:3).

22. **¿Quién fue el padre de Gersón y Eliezer?**
    R. — Moisés (Exodo 18:2, 4).

23. **¿Quién fue el padre de Moisés?**

R. — Amram (Exodo 6:20).

24. **¿Quién fue el padre de Nadab y Abiú?**
R. — Aarón (Exodo 6:23).

CAPITULO 11
JOVENES

1. **¿Cómo se llamaba la muchacha que no le abrió la puerta a Pedro?**

   R. — Rode (Hechos 12:13, 14).

2. **¿Cómo se llamaba el joven que se cayó dormido del tercer piso donde Pablo predicaba?**

   R. — Eutico (Hechos 20:9).

3. **¿Cómo se llamaban los jóvenes que fueron rescatados del horno de fuego?**

   R. — Se llamaban Sadrac (Ananías), Mesac (Misael) y Abed-nego (Azarías) (Daniel 3:12-30).

4. **¿Cómo se llamaba el joven que oraba tres veces al día?**

   R. — Daniel (Daniel 6:10).

5. **¿Cómo se llamaba el joven que fue vendido por veinte piezas de plata?**

   R. — José (Génesis 37:28).

6. **¿Cómo se llamaba el joven al que Dios llamó tres veces por su nombre?**

   R. — Samuel (1 Samuel 3:1-14).

7. **¿Cómo se llamaba el joven que durmió cuatro días?**

   R. — Lázaro (Juan 11:11-44).

8. **¿Quién fue el rey más joven del Antiguo Testamento?**

   R. — Joás (2 Reyes 11:21).

9. **¿Cómo se llamaba el joven que por su fe en Dios llegó a ser gobernador de Egipto?**

   R. — José (Génesis 41:37-45).

10. **¿Cómo se llamaba el joven que fue acérrimo enemigo de Jesús y del cristianismo, pero después de su conversión fue el que difundió más el Evangelio?**

   R. — Saulo (Hechos 7:58).

CAPITULO 12
NOMBRES CAMBIADOS DE PERSONAJES FAMOSOS

Las letras que componen los nombres de estos personajes están cambiadas de orden. Identifíquelos.

EVANGELISTAS PREDICADORES

1. fieelp ....Felipe (Hechos 21:8)
2. lopab ....Pablo (Hechos 13:46; 14:7)
3. benabér............Bernabé (Hechos 13:46; 14:7)

EVANGELISTAS ESCRITORES

4. teoma ....(Mateo)
5. caslu..(Lucas)
6. unaj ....(Juan)
7. rocsma...(Marcos)

CRIADOS

8. ibas.................................Siba (2 Samuel 16:2, 4)
9. ezigi ....Giezi (2 Reyes 8:4)
10. gara...Agar (Génesis 16:1)

PROFETISAS

11. béorad.................................Débora (Jueces 4:4)
12. amarí ....María *hermana de Moisés* (Exodo 15:20)

REYES

13. idvad...................................David (2 Samuel 5:4)
14. smanoól.......................Salomón (1 Reyes 1:39)

15. faróna ....Faraón (Exodo 6:13)
16. piraga ....Agripa (Hechos 26:2)

DIRECTOR DE CORO

17. fasa ....Asaf (1 Crónicas 25:6, 7, 8)

JUECES

18. nasóns ....Sansón (Jueces 16:30, 31)
19. masleu ....Samuel (1 Samuel 7:15)
20. fétej ....Jefté (Jueces 12:7)
21. gasmar ....Samgar (Jueces 3:31)

ECONOMISTAS

22. sojé ....José (Génesis 41:28, 57; 42:6)
23. zerelie ....Eliezer *damasceno*
    (Génesis 15:2; 24:2, 66)

REINAS

24. retes ....Ester (Ester 8:1)
25. tisav ....Vasti (Ester 1:12)

LIDERES

26. lieeso ....Eliseo (2 Reyes 4:38, 44; 6:9, 23)
27. suéjo ....Josué (Josué 1:9; 22:4)
28. geónde ....Gedeón (Jueces 6:24, 36, 40)

DIRECTOR DE MUSICA

29. tunjedú ....Jedutún (1 Crónicas 25:1)
30. nehmá ....Hemán (Génesis 41:39, 40)
31. teán ....Etán (1 Crónicas 15:19)

GOBERNADORES

32. jéso ....José (Génesis 41:39, 40)
33. enladi ....Daniel (Daniel 6:2)

MUJERES

34. cardos ....Dorcas (Hechos 9:36)
35. listabee.................................Elisabet (Lucas 1:5)
36. ave..Eva (Génesis 3:20)
37. befe ....Febe (Romanos 16:1)
38. ildala ....Dalila (Jueces 16:4)
39. irfasa ....Safira (Hechos 5:1)

B. FRASES

CAPITULO 13
¿QUIEN DIJO. . .?

1. **"Por poco me persuades a ser cristiano."**
    R. — El rey Agripa (Hechos 26:28).

2. **"¿Por qué me llamas bueno?"**
    R. — Jesús (Lucas 18:19).

3. **"¿Soy yo acaso guarda de mi hermano?"**
    R. — Caín (Génesis 4:9).

4. **"Yo soy la luz del mundo."**
    R. — Jesús (Juan 8:12).

5. **"Sol, detente."**
    R. — Josué (Josué 10:12).

6. **"Yo soy el camino."**
    R. — Jesús (Juan 14:6).

7. **"Coláis el mosquito, y tragáis el camello."**
    R. — Jesús (Mateo 23:24).

8. **"Yo soy la vida."**
    R. — Jesús (Juan 14:6).

9. **"No tengo plata ni oro."**
    R. — Pedro (Hechos 3:6).

10. **"Yo soy la verdad."**

R. — Jesús (Juan 14:6).

11. **"Si perezco, que perezca."**
    R. — Ester (Ester 4:16).

12. **"No llaméis padre vuestro a nadie en la tierra."**
    R. — Jesús (Mateo 23:9).

13. **"No me ruegues que te deje, y me aparte de ti."**
    R. — Rut (Rut 1:16).

14. **"Cíñete, y átate las sandalias."**
    R. — Un ángel a Pedro (Hechos 12:8).

15. **"No os toca a vosotros saber los tiempos."**
    R. — Jesús (Hechos 1:7).

16. **"De Jehová es la tierra."**
    R. — David (Salmo 24:1).

17. **"Escudriñad las Escrituras."**
    R. — Jesús (Juan 5:39).

18. **"Raíz de todos los males es el amor al dinero."**
    R. — Pablo (1 Timoteo 6:10).

19. **"¡Cuán difícilmente entrarán en el reino de Dios los que tienen riquezas!"**
    R. — Jesús (Lucas 18:24).

20. **"En tu simiente serán benditas todas las familias."**
    R. — Dios (Hechos 3:25).

21. **"Tu palabra es verdad."**
    R. — Jesús (Juan 17:17).

22. **"Las muchas letras te vuelven loco."**

R. — Festo (Hechos 26:24).

23. **"La vida es más que la comida."**
R. — Jesús (Lucas 12:23).

24. **"Los que quieren enriquecerse caen en tentación y lazo."**
R. — Pablo (1 Timoteo 6:9).

25. **"La venida del Señor se acerca."**
R. — Santiago (Santiago 5:8).

26. **"La mujer que teme a Jehová, esa será alabada."**
R. — Salomón (Proverbios 31:30).

27. **"El fin de todas las cosas se acerca."**
R. — Pedro (1 Pedro 4:7).

28. **"El Dios que respondiere por medio de fuego, ése sea Dios."**
R. — Elías (1 Reyes 18:24).

29. **"Varones galileos, ¿por qué estáis mirando al cielo?"**
R. — Dos varones (ángeles) con vestiduras blancas (Hechos 1:10, 11).

30. **"Mi madre y mis hermanos son los que oyen la palabra de Dios."**
R. — Jesús (Lucas 8:21).

31. **"Gloria de los hombres no recibo."**
R. — Jesús (Juan 5:41).

32. **"Es necesario obedecer a Dios antes que a los hombres."**
R. — Pedro y los apóstoles (Hechos 5:29).

33. **"Tu pueblo será mi pueblo."**

R. — Rut (Rut 1:16).

34. **"Yo os haré llover pan del cielo."**
R. — Jehová (Exodo 16:4).

35. **"Yo veo una nube como la palma de la mano de un hombre."**
R. — El criado de Elías (1 Reyes 18:44).

36. **"Hagamos al hombre."**
R. — Dios (Génesis 1:26).

37. **"No juréis ni por el cielo, ni por la tierra."**
R. — Jesús (Mateo 5:34, 35).

38. **"No sólo de pan vivirá el hombre, sino de toda palabra que sale de la boca de Dios."**
R. — Jesús (Mateo 4:4).

39. **"Yo daré vuestra lluvia en su tiempo."**
R. — Dios (Levítico 26:4).

40. **"Echando toda vuestra ansiedad sobre él, porque él tiene cuidado de vosotros."**
R. — Pedro (1 Pedro 5:7).

41. **"Tu coronas el año con tus bienes."**
R. — David (Salmo 65:11).

42. **"El que saciare, él también será saciado."**
R. — Salomón (Proverbios 11:25).

43. **"Ninguno se gloríe en los hombres; porque todo es vuestro."**
R. — Pablo (1 Corintios 3:21).

44. **"Por tanto, dejará el hombre a su padre y a su madre, y se unirá a su mujer, y serán una sola carne."**
R. — Dios (Génesis 2:24).

45. **"No ames el sueño, para que no te empo-brezcas; abre tus ojos, y te saciarás de pan."**
R. — Salomón (Proverbios 20:13).

46. **"Honroso sea en todos el matrimonio, y el lecho sin mancilla."**
R. — Pablo (Hebreos 13:4).

47. **"Fructificad y multiplicaos."**
R. — Dios (Génesis 1:28).

48. **"Ninguno tenga en poco tu juventud; sino sé ejemplo de los creyentes en palabra, conducta, amor, espíritu, fe y pureza."**
R. — Pablo (1 Timoteo 4:12).

49. **"Mejor es lo poco del justo, que las riquezas de muchos pecadores."**
R. — David (Salmo 37:16).

50. **"Huye también de las pasiones juveniles."**
R. — Pablo (2 Timoteo 2:22).

51. **"No mires tras ti."**
R. — Los ángeles a Lot (Génesis 19:17).

52. **"Salga de su cámara el novio, y de su tálamo la novia."**
R. — Joel (Joel 2:16).

53. **"El corazón de su marido está en ella confiado."**
R. — La madre de Lemuel (Proverbios 31:11).

54. **"Jehová dio, Jehová quitó; sea el nombre de Jehová bendito."**
R. — Job (Job 1:21).

CAPÍTULO 14
¿A QUIEN LE RECUERDAN ESTAS PALABRAS?

1. **¿Naciones, hijos, enojo, altar, promesa, esposas, fe?**
   R.— A Abraham (Génesis 17:6).

2. **¿Arca, animales, arco, paloma, agua, ahogados?**
   R.— A Noé (Génesis 6:9, 22).

3. **¿Primera convertida, europea, atenta, bautizada, posada, púrpura, Tiatira?**
   R.— A Lidia (Exodo 16:14).

4. **¿Muchacha hermosa, pozo, camellos, sí iré, criado, mellizos?**
   R.— A Rebeca (Génesis 24:44, 58; 26:7).

5. **¿Se enojó, rey, niños, magos. mató, secretos?**
   R.— A Herodes (Mateo 2:2, 12).

6. **¿La mujer, serpiente, árbol, comió, moriréis, huerto?**
   R.— A Eva (Génesis 3:1, 6).

7. **¿Joven, enigma, zorras, cárcel, molino, columnas?**
   A Sansón (Jueces 14:12).

8. **¿Arrepentimiento, bautismo, degolló, langostas?**

R. — A Juan el Bautista (Mateo 3:1, 4).

9. **¿Tío, judíos, peticiones, banquete, hombre, horca, esposa, reina?**
R. — A Ester (Ester 7:1, 10).

10. **¿Silla, arca, hijos, envilecidos, desnucó, desobedientes?**
R. — A Elí (1 Samuel 4:17).

11. **¿Joven hermoso, encina, dardos, cabello, conjuración?**
R. — A Absalón (2 Samuel 14:25, 26).

12. **¿Pregón, navío, pez, piedad, gusano?**
R. — A Jonás (Jonás 4:2, 7).

13. **¿Asna, ungido, Amalec, cueva, adivinación?**
R. — A Saúl (1 Samuel 9:3).

14. **¿Lanzaron, Júpiter, guirnaldas, sacrificar, se lanzaron?**
R. — A Bernabé (Hechos 14:8, 23).

15. **¿Multitud, seco, pasó por mar, milagro?**
R. — El pueblo de Israel (Exodo 14:20).

16. **¿Un huerto, agua, noche, oración, venció?**
R. — A Jesús (Marcos 14:34, 38).

17. **¿Perseguido, mano, agua, oración, criado, corrió?**
R. — A Elías (1 Reyes 18:43, 44).

18. **¿Reino, ovejas, adivina, perdón, murió?**
R. — A Saúl (1 Samuel 15:14).

19. **¿Vino, príncipes, mano, idioma, juicio, murió?**
R. — A Belsasar (Daniel 5:5).

20. **¿Campo, peligro cansado, plato, daré?**
R. — A Esaú (Génesis 25:34).

21. **¿Debajo, enebro, se sentó, basta ya, sueño, vida, agua, camino, desierto, profeta?**
R. — A Elías (1 Reyes 19:4).

22. **¿Agua, barca, fe, poca, tempestad, mar, mucho aire?**
R. — A los discípulos (Mateo 8:26).

23. **¿Muro, familia, guerra, salvos, ramera?**
R. — A Rahab (Josué 2:3, 8).

24. **¿Enigma, miel, fuerza, león, novia, camino, joven?**
R. — A Sansón (Jueces 14:7-14).

25. **¿Suegra, pueblo, Dios, muerto, esposo, tierras?**
R. — A Rut (Rut 1:16).

26. **¿Evangelista, Dios, ciudad, anuncio, gente, conocido, inscripción?**
R. — A Pablo (Hechos 17:25).

27. **¿Trajeron, maravillaron, inscripción, tentáis, moneda?**
R. — A Jesús (Marcos 12:17).

28. **¿Comida, dulzura, fuerte, devorador, enigma?**
R. — A Sansón (Jueces 14:14).

29. **¿Peña, gloria, espaldas, mano, ruego, muestres?**
R. — A Moisés (Exodo 33:23).

30. **¿Tienda, odre, estaca, leche, mazo?**

R. — A Sísara (Jueces 4:17, 21).

31. **¿Noche, oraciones, himnos, cadenas, terremoto, convertido?**

R. — La conversión del carcelero de Filipos (Hechos 16:25).

32. **¿Noche, lámparas, una ventana, resucitó, muerto?**

R. — A Eutico (Hechos 20:7, 10).

33. **¿Doce, un monumento, piedras, hombres, un río?**

R. — A Israel durante el paso del Jordán (Josué 4:1-7).

34. **¿Paredes, un ángel, espada, un asno?**

R. — Al profeta Balaam (Números 22:21-31.

35. **¿Cabello largo, un mulo, encina, tres dardos?**

R. — La muerte de Absalón (2 Samuel 18:9, 14).

36. **¿Una piedra, días, cuatro, mujeres, vendas?**

R. — La resurrección de Lázaro (Juan 11:38, 44).

37. **¿Trono, serafines, humo, carbón encendido?**

R. — La visión de Isaías (Isaías 6:1, 8).

38. **¿Un león, una bestia, un oso, un leopardo?**

R. — La visión de Daniel (Daniel 7:1-7).

39. **¿Tres apóstoles, un padre, una niña, una madre?**

R. — La resurrección de la hija de Jairo (Marcos 5:35-43).

40. **¿Caliente, frío, vomitaré, colirio, tibio?**

R. — Mensaje a la iglesia de Laodicea. (Apocalipsis 3:15, 18)

41. **¿Cinco, cinco, vasijas, aceite, lámparas?**

R. — Las diez vírgenes (Mateo 25:1-4).

42. **¿Cincuenta, trescientos, treinta, pisos, animales, mucha agua?**

R. — El arca de Noé (Génesis 6:15, 16).

43. **¿Pieles de carnero, pieles de tejones, encima?**

R. — La cubierta del Tabernáculo (Exodo 36:19).

44. **¿Cinco, doscientos, cincuenta, sobraron, doce?**

R. — La alimentación de los cinco mil (Marcos 6:38, 44).

45. **¿Cielos, tierra, movía, abismo, Espíritu, creó?**

R. — Dios y la creación (Génesis 1:1, 2)

C. CIRCUNSTANCIAS RELACIONADAS CON LOS PERSONAJES

CAPITULO 15
¿QUE VARON FUE?

1. **¿Qué varón fue vendido por treinta monedas de plata?**

   R. — Fue Jesús (Mateo 26:15).

2. **¿Qué varón fue escondido en la tierra y después en agua?**

   R. — Fue Moisés (Exodo 2:2, 3).

3. **¿Qué varón fue comido por gusanos?**

   R. — Fue Herodes Agripa I (Hechos 12:23)

4. **¿Qué varón fue el primero que pidió ofrenda?**

   R. — Fue Moisés para construir el Tabernáculo (Exodo 35:4, 5, 21, 22, 29).

5. **¿Qué mensajero del cielo trajo una vasija de agua?**

   R. — Fue un ángel, y se la trajo a Elías (1 Reyes 19:5, 6).

6. **¿Qué varón vio una gran variedad de animales, que bajaban del cielo?**

   R. — Fue Pedro (Hechos 10:9-12)

7. **¿Qué varón escribió que la mujer casada está ligada por la ley, mientras vive su marido?**

R. — Fue Pablo (1 Corintios 7:39)

8. **¿Qué varón hebreo escribió diciendo: "No rehúses corregir al muchacho; porque si lo castigas con vara, no morirá, y librarás su alma del Seol"?**

R. — Fue Salomón (Proverbios 23:13, 14).

CAPITULO 16
¿QUE OFICIO TENIA?

1. **¿Qué oficio tenía Pablo?**
   R. — Hacía tiendas (Hechos 18:3).

2. **¿Qué oficio tenía Pedro?**
   R. — Era pescador (Mateo 4:18).

3. **¿Qué oficio tenía Lucas?**
   R. — Era médico (Colosenses 4:14).

4. **¿Qué oficio tenía Zaqueo?**
   R. — Era recaudador de impuestos (Lucas 19:2).

5. **¿Qué oficio tenía Jesús?**
   R. — Era carpintero (Marcos 6:3).

6. **¿Qué oficio tenía Simón el que habitaba junto al mar?**
   R. — Era curtidor de pieles (Hechos 10:6, 32).

7. **¿Qué oficio tenía Demetrio?**
   R. — Era platero (Hechos 19:24, 25).

8. **¿Qué oficio tenía Aquila?**
   R. — Hacía tiendas (Hechos 18:3).

9. **¿Qué oficio tenía Jacob, hermano de Esaú?**
   R. — Era ganadero (Génesis 25:25, 26; 46:33, 34).

10. **¿Qué oficio tenía Aarón?**
    R. — Era sacerdote (Exodo 39:41).

11. **¿Qué oficio tenía Zacarías, el que vaciló en creer lo que un ángel le decía?**
    R. — Era sacerdote (Lucas 1:8-23).

12. **¿Qué oficio tenía Andrés?**
    R. — Era pescador (Mateo 4:18).

13. **¿Qué oficio tenía Mateo?**
    R. — Era recaudador de impuestos (Mateo 9:9).

14. **¿Qué oficio tenía Dorcas?**
    R. — Era modista (Hechos 9:39).

15. **¿Qué oficio tenía Joab?**
    R. — Era general (1 Reyes 11:15).

16. **¿Qué oficio tenía Tíquico?**
    R. — Era ministro (Colosenses 4:7).

17. **¿Qué oficio tenía Naamán?**
    R. — Era general (2 Reyes 5:1).

18. **¿Qué oficio tenía Senaquerib?**
    R. — Era rey (2 Reyes 18:13)

CAPITULO 17
¿QUIENES COMIERON ESTAS COMIDAS?

1. **¿Toda hierba que da simiente, y frutas de los árboles?**
   R. — Adán y Eva (Génesis 1:29).

2. **¿Panes, vino, ovejas, grano tostado, uvas, pasas, panes de higos secos?**
   R. — David y su ejército (1 Samuel 25:18, 27).

3. **¿Grano tostado y panes?**
   R. — Los hermanos de David (1 Samuel 17:17).

4. **¿Panes y peces?**
   R. — Los cinco mil congregados (Marcos 6:38, 42).

5. **¿Pez asado y pan?**
   R. — Los discípulos (Juan 21:1, 9, 12).

6. **¿Panes de cebada?**
   R. — Rut y Noemí (Rut 1:12).

7. **¿Panes importados de Egipto?**
   R. — Los hermanos de José y sus familias (Génesis 42:3).

8. **¿Pescados, pepinos, melones, puerros, cebollas, y ajos?**
   R. — El pueblo de Israel (Números 11:5).

9. **¿Maná y codornices?**

R. — El pueblo de Israel (Exodo 16:13, 14).

10. **¿Leche y miel?**

R. — Israel y los cananeos (Exodo 3:17 y Levítico 20:24).

11. **¿Langostas y miel silvestre?**

R. — Juan el Bautista (Marcos 1:6).

12. **¿Pan y carne traídos por los cuervos?**

R. — Elías (1 Reyes 17:6).

13. **¿Carne asada y panes sin levadura?**

R. — Los israelitas (Exodo 12:8).

14. **¿Trigo, cebada, harina, habas, lentejas, miel, queso de vaca?**

R. — David y los suyos (2 Samuel 17:28, 29).

15. **¿Quién usó harina y aceite para preparar su comida?**

R. — La viuda de Sarepta (1 Reyes 17:14).

16. **¿Quién ayunó en la cumbre de una montaña?**

R. — Moisés, en el Sinaí (Exodo 19:20 y Deuteronomio 9:9).

17. **¿Pan, carne, leche y mantequilla?**

R. — Los ángeles al visitar a Abraham (Génesis 18:6, 8).

18. **¿Una torta cocida y un vaso de agua?**

R. — Elías debajo de un enebro (1 Reyes 19:5, 6).

19. **¿Panes sin levadura y un ternero?**

R. — Saúl y sus siervos (1 Samuel 28:24, 25).

20. **¿Granos de espigas en un día de reposo?**

R. — Los discípulos (Mateo 12:1).

21. ¿Pan y vino?

R. — Jesús y sus discípulos en la Pascua (Mateo 26:26, 29)

22. ¿Pan y agua?

R. — Los sirios en Samaria (2 Reyes 6:22).

CAPITULO 18
¿QUIENES HICIERON ESTOS MILAGROS?

1. **Extendió su mano, y dividió el Mar Rojo.**
   R. — Moisés (Exodo 14:21).

2. **Hizo flotar un hacha que se cayó en las aguas del Jordán.**
   R. — Eliseo (2 Reyes 6:6).

3. **Resucitó al hijo de la sunamita.**
   R. — Eliseo (2 Reyes 4:32-37).

4. **Ordenó que dieran siete vueltas y los muros de Jericó se derrumbaron.**
   R. — Josué (Josué 6:20).

5. **Oró y cayó fuego del cielo, y así fueron derrotados los profetas falsos.**
   R. — Elías lo hizo con la ayuda de Dios (1 Reyes 18:38-40).

6. **Resucitó a Dorcas.**
   R. — Pedro lo hizo con la ayuda de Dios (Hechos 9:40).

7. **Multiplicó el pan y los peces.**
   R. — Jesús (Mateo 14:17-20).

8. **Sanó a paralíticos.**
   R. — Jesús (Mateo 4:24).

9. **Convirtió el agua en vino.**

R. — Jesús (Juan 2:7, 9).

10. **Multiplicó el aceite y llenó muchas vasijas.**
R. — Eliseo lo hizo con la ayuda de Dios (2 Reyes 4:2-7).

11. **Sanó a un cojo en la ciudad de Listra.**
R. — Pablo lo hizo con la ayuda de Dios (Hechos 14:8-10).

12. **Mató al gigante Goliat.**
R. — David lo hizo con la ayuda de Dios (1 Samuel 17:4, 50, 51).

13. **Sanó a la suegra de Pedro.**
R. — Jesús (Mateo 8:14, 15).

14. **Sanó a una mujer que tenía flujo de sangre.**
R. — Jesús (Mateo 9:20, 22).

15. **Detuvo el sol.**
R. — Josué, con la ayuda de Dios (Josué 10:12, 13).

16. **Un hombre que llevaba cojo más de cuarenta años, fue sano.**
R. — Pedro lo hizo con la ayuda de Dios (Hechos 3:6, 7; 4:22).

17. **¿Quién le pegó la oreja a un hombre?**
R. — Jesús (Lucas 22:50, 51).

18. **¿Quiénes anduvieron sobre el agua?**
R. — Jesús y Pedro (Mateo 14:25, 28-31).

19. **¿A quién lo picó una víbora y no murió?**
R. — A Pablo (Hechos 28:3).

20. **La harina y el aceite nunca les faltaron, hasta que llovió sobre la tierra.**

R. — A Elías, la viuda de Sarepta y su hijo, con la ayuda de Dios (1 Reyes 17:14).

21. **Resucitó a Lázaro.**

    R. — Jesús (Juan 11:38-44).

22. **Esparció harina en el guisado que tenía veneno, y no murieron.**

    R. — Eliseo lo hizo con la ayuda de Dios (2 Reyes 4:38-41).

CAPITULO 19
¿QUE ENFERMEDAD TENIA?

1. **¿El hombre que tenía 38 años de enfermo?**
R. — Padecía de parálisis (Juan 5:5, 9).

2. **¿El hijo del oficial?**
R. — Fiebre (Juan 4:49, 52).

3. **¿El criado del centurión?**
R. — Padecía de parálisis (Mateo 8:5, 6, 13).

4. **¿María Magdalena?**
R. — Siete espíritus malos (Lucas 8:2).

5. **¿El rey Joram?**
R. — Enfermedad incurable en los intestinos (2 Crónicas 21:4, 18).

6. **¿La hija de la cananea?**
R. — Atormentada por un demonio (Mateo 15:22).

7. **¿María, hermana de Moisés?**
R. — Padecía de lepra (Números 12:10).

8. **¿Elimas el mago?**
R. — Ceguera (Hechos 13:8-12).

9. **¿La suegra de Pedro?**
R. — Fiebre (Lucas 4:38, 39).

10. **¿Elí?**
R. — Padecía de ceguera (1 Samuel 4:15).

11. **¿Job?**

R. — Sarna maligna (Job 2:7).

12. ¿Eneas?

R. — Parálisis (Hechos 9:33, 34).

13. ¿Bartimeo?

R. — Ceguera (Marcos 10:46).

14. ¿Giezi?

R. — Padecía de lepra (2 Reyes 5:27).

15. ¿Timoteo?

R. — Debilidad del estómago (1 Timoteo 5:23).

SECCION IV

GEOGRAFIA

CAPITULO 20
¿EN QUE CIUDAD ACONTECIO?

1. **¿En qué ciudad vivió Jesús en los primeros años de su niñez?**
   R. — En Nazaret (Mateo 2:19, 23).

2. **¿En qué ciudad los discípulos fueron llamados cristianos por primera vez?**
   R. — En Antioquía de Siria (Hechos 11:26).

3. **¿En qué ciudad fue resucitada Dorcas?**
   R. — En Jope (Hechos 9:36, 41).

4. **¿En qué ciudad resucitó Jesús a un joven?**
   R. — En Naín (Lucas 7:11, 15).

5. **¿En qué ciudad los habitantes no discernían su mano izquierda de la derecha?**
   R. — En Nínive (Jonás 4:11).

6. **¿En qué ciudad hizo Jesús el primer milagro?**
   R. — En Caná de Galilea (Juan 2:9, 11).

7. **¿En qué ciudad se quedó Jesús, sin que lo supiesen José y su madre?**
   R. — En Jerusalén (Lucas 2:41, 45).

8. **¿En qué ciudad ayunaron los animales?**
   R. — En Nínive (Jonás 3:7).

9. **¿En qué ciudad nació Jesús?**
   R. — En Belén (Lucas 2:4, 7).

10. **¿En qué ciudad se perfeccionó el arte de construir edificios, usando ladrillo en lugar de piedra, y asfalto en lugar de mezcla?**
R. — En Babilonia (Génesis 11:3, 4, 6, 9).

11. **¿Qué ciudad es la más céntrica del planeta, según la Biblia?**
R. — Jerusalén (Ezequiel 38:12).

12. **¿A qué ciudad quería huir Jonás?**
R. — A Tarsis (Jonás 1:3).

13. **¿De qué ciudad era el hombre más sabio que ha existido?**
R. — De Jerusalén (1 Reyes 3:12, 15).

14. **¿Cerca de qué ciudad se convirtió Pablo?**
R. — En el camino cerca de Damasco (Hechos 9:3, 8, 19).

15. **¿En qué ciudad sanó Pedro a Eneas?**
R. — En Lida (Hechos 9:32, 34).

16. **¿En qué ciudad de Asia menor fue convertida al Evangelio una mujer llamada Lidia?**
R. — En Filipos (Hechos 16:14, 15).

17. **¿En qué ciudad nació Abraham?**
R. — En Ur de los caldeos (Génesis 11:28).

18. **¿En qué ciudad recibió Pablo la vista?**
R. — En Damasco (Hechos 9:6, 8, 18).

19. **¿Qué ciudad visitó Pablo, y entre sus filósofos predicó a Jesús y la resurrección?**
R. — En Atenas (Hechos 17:15, 34).

20. **¿A qué ciudad el pueblo de Israel trasladó los huesos de José, el hijo de Jacob?**

R. — A Siquem (Josué 24:32).

21. **¿A qué ciudad se llevaron a Daniel cautivo?**
R. — A Babilonia (Daniel 1:1, 3, 4, 6).

22. **¿A qué ciudad mandó Dios a Jonás?**
R. — A Nínive (Jonás 1:2).

23. **¿En qué ciudad radicó una reina sanguinaria?**
R. — En Jezreel (1 Reyes 18:4, 45, 46; 19:1).

24. **¿En qué aldea murió Lázaro?**
R. — En Betania (Juan 11:1).

25. **¿De qué ciudad era la mujer que escondió a los espías?**
R. — De Jericó (Josué 2:1).

26. **¿En qué ciudad el Señor no pudo hacer muchos milagros?**
R. — En Nazaret (Marcos 6:5, 6).

27. **¿En qué ciudad Pablo fue apedreado y arrastrado?**
R. — En Listra (Hechos 14:19).

28. **¿En qué ciudad hubo un alboroto contra Pablo dirigido por los plateros?**
R. — En Efeso (Hechos 19:23, 26).

29. **¿En qué ciudad reinó David por siete años y seis meses?**
R. — En Hebrón (2 Samuel 5:5).

30. **¿En qué ciudad Sansón arrancó las puertas con sus dos pilares?**
R. — En Gaza (Jueces 16:1, 3).

31. **¿En qué ciudad reinó David treinta y tres años?**

R. — En Jerusalén (2 Samuel 5:5).

32. **¿En qué ciudad David se hizo pasar por loco escribiendo en las puertas?**

R. — En Gat (1 Samuel 21:12, 13).

33. **¿En qué ciudad tenía su residencia el rey Asuero?**

R. — En Susa (Ester 1:2).

34. **¿En qué ciudad radicaba Bartimeo?**

R. — En Jericó (Marcos 10:46).

35. **¿En qué ciudad un grupo de personas retenía la doctrina de los nicolaítas?**

R. — En Pérgamo (Apocalipsis 2:15).

36. **¿Cuál fue la primera ciudad europea en que predicó Pablo?**

R. — Filipos (Hechos 16:11-13).

CAPITULO 21
¿EN QUE MONTE ACONTECIO?

1. **¿En qué monte le fue dada la ley a Moisés?**
   R. — En el monte Sinaí (Exodo 19:1, 20).

2. **¿Desde qué monte ascendió Cristo al cielo?**
   R. — Desde el monte de los Olivos (Hechos 1:12).

3. **¿De qué montes fue sacada la madera para el Templo?**
   R. — Del Líbano (1 Reyes 5:5, 6 y 10).

4. **¿En qué montaña reposó el arca de Noé?**
   R. — En el monte Ararat (Génesis 8:4).

5. **¿En qué monte vio Moisés una zarza ardiendo?**
   R. — En el monte Horeb (Exodo 3:1, 2).

6. **¿En qué monte ofreció Abraham a Isaac?**
   R. — En el monte Moriah (Génesis 22:2).

7. **¿En qué monte murió Moisés?**
   R. — En el monte Nebo (Deuteronomio 34:1).

8. **¿A qué monte subió Moisés para contemplar la tierra de Canaán?**
   R. — Al monte Pisga (Deuteronomio 34:1).

9. **¿En qué monte derrotaron Débora y Barac a Sísara?**
   R. — En el monte Tabor (Jueces 4:4, 12, 22).

10. **¿En qué monte mató Elías a cuatrocientos cincuenta profetas falsos?**

    R. — En el monte Carmelo (1 Reyes 18:20).

11. **¿En qué monte murió Aarón?**

    R. — En el monte Or (Números 20:22, 28).

12. **¿En qué monte edificó el rey Salomón el templo?**

    R. — En el monte Moriah (2 Crónicas 3:1).

13. **¿En qué monte aparecieron Elías y Moisés con Jesús ante los tres discípulos?**

    R. — En el monte de la Transfiguración (Mateo 17:1).

14. **¿En qué monte murió Saúl con sus tres hijos?**

    R. — En el monte de Gilboa (1 Samuel 31:1, 6).

CAPITULO 22
¿DE QUE NACIONALIDAD ERA?

1. **¿De qué nacionalidad era Moisés?**
   R. — Hebreo (Exodo 2:1, 3, 10).

2. **¿De qué nacionalidad era Rut?**
   R. — Moabita (Rut 1:3, 4).

3. **¿De qué nacionalidad era Esdras?**
   R. — Hebreo (Esdras 7:1, 5)

4. **¿De qué nacionalidad era la reina Ester?**
   R. — Hebrea (Ester 8:5, 6, 17).

5. **¿De qué nacionalidad era David?**
   R. — Hebreo (1 Crónicas 2:15).

6. **¿De qué nacionalidad era Daniel?**
   R. — Hebreo (Daniel 1:3, 6).

7. **¿De qué nacionalidad era Timoteo?**
   R. — Hebreo por parte de su madre, y griego por parte de padre (Hechos 16:1).

8. **¿De qué nacionalidad era Tito?**
   R. — Griego (Gálatas 2:3).

9. **¿De qué nacionalidad era Andrés?**
   R. — Hebreo (Juan 1:44).

10. **¿De qué nacionalidad era Pablo?**
    R. — Hebreo (Filipenses 3:5).

SECCION V

LOS ANIMALES EN LA BIBLIA

CAPITULO 23
¿QUE ANIMALES?

1. **¿Qué animal le dio Dios a Abraham para el holocausto?**

   R. — Un carnero (Génesis 22:13).

2. **¿Cuáles son los nombres de los animales que Jesús mencionó cuando dijo: "No deis lo santo a los. . . ni echéis vuestras perlas. . ."?**

   R. — Perros y cerdos (Mateo 7:6).

3. **¿Qué animales despedazaron a los muchachos que se burlaban de Eliseo?**

   R. — Unos osos (2 Reyes 2:24).

4. **¿Qué nombre de animal le da Jesús a Herodes?**

   R. — Zorra (Lucas 13:32).

5. **¿Qué animales pacerán juntos, según el profeta Isaías?**

   R. — La vaca, el león, la osa, y el buey (Isaías 11:6, 7).

6. **¿Con qué animal compara Dios al hombre descarriado?**

   R. — Con la oveja (Isaías 53:6).

7. **¿A qué animales se refirió Isaías cuando dijo: "El. . . conoce a su dueño, y el. . . el pesebre de su señor"?**

   R. — El buey y el asno (Isaías 1:3).

8. **¿Con qué animal compara Pedro al diablo?**
   R. — Con el león (1 Pedro 5:8).

9. **¿Qué animales lamían las llagas de Lázaro?**
   R. — Los perros (Lucas 16:20, 21).

10. **¿Qué animal mandó a preparar el padre, cuando regresó el hijo pródigo?**
    R. — El becerro gordo (Lucas 15:23).

11. **¿Qué animales echan a perder las viñas?**
    R. — Las zorras pequeñas (Cantares 2:15).

12. **¿Qué animal mencionó Jesús cuando dijo: "Es más fácil pasar un. . . por el ojo de una aguja que entrar un rico en el reino de Dios"?**
    R. — Un camello (Mateo 19:24).

13. **¿En qué animal iba Absalón cuando se le enredó la cabeza en la encina?**
    R. — En un mulo (2 Samuel 18:9).

14. **¿En qué animal iba Rebeca cuando fue a la casa de Isaac?**
    R. — En un camello (Génesis 24:64).

15. **¿En qué animal iba Jesús cuando entró a Jerusalén?**
    R. — En un pollino (Marcos 11:7).

16. **¿Qué animal mató Sansón?**
    R. — Un león (Jueces 14:6).

17. **¿En qué animal iba Balaam cuando se le apareció un ángel?**
    R. — En su asna (Números 22:21).

18. **¿Qué animal engañó a Eva?**
    R. — La serpiente (Génesis 3:1).

19. **¿Qué animal mataron los hermanos de José para teñir la túnica?**

R. — Un cabrito (Génesis 37:31).

20. **¿Qué animales eran los que estaban en el foso donde fue echado Daniel?**

R. — Unos leones (Daniel 6:16).

21. **¿Qué animal se tragó a Jonás?**

R. — Un gran pez (Jonás 1:17).

22. **¿Qué animales les iban a ofrecer en sacrificio a Pablo y Bernabé?**

R. — Unos toros (Hechos 14:13).

23. **¿Qué animales fueron con los que Dios alimentó a su pueblo en el desierto?**

R. — Codornices (Exodo 16:13).

24. **¿En qué animal iba Mardoqueo, cuando fue conducido por la plaza de la ciudad?**

R. — A caballo (Ester 6:8, 11).

25. **¿De qué animales oyó Samuel el . . . y el . . . ?**

R. — El balido de ovejas y el bramido de vacas (1 Samuel 15:14).

CAPITULO 24
AVES Y OTROS ANIMALES

1. **¿Cuántas son y cómo se llaman las aves que se mencionan en la ley de Moisés?**

   R. — Se mencionan diecinueve, y son las siguientes:

1. el águila	11. el avestruz
2. el azor	12. el gavilán
3. el quebranta-huesos	13. el milano
	14. el búho
4. el pelícano	15. el ibis
5. el gallinazo	16. el somor-mujo
6. la cigüeña	
7. la lechuza	17. la garza
8. la abubilla	18. el calamón
9. el buitre	19. la gaviota
10. el cuervo	

   (Levítico 11:13-19; Deuteronomio 14:11-18)

2. **¿Cuantas aves menciona el Nuevo Testamento?**

   R. — El Nuevo Testamento menciona cinco aves, y son las siguientes:
   1. la gallina (Mateo 23:37)
   2. el águila (Mateo 24:28)
   3. la paloma (Mateo 3:16)
   4. el gallo (Mateo 26:74)
   5. el cuervo (Lucas 12:24).

3. **¿Qué animal contó hasta el número tres?**

   R. — Una asna (Números 22:28).

4. **¿Cuáles son los cuatro animales más sabios de la tierra?**
   R. — Son: la hormiga, la langosta, el conejo y la araña (Proverbios 30:25-28).

5. **¿Qué animal habló con una mujer?**
   R. — La serpiente (Génesis 3:1).

6. **¿Qué ejército de insectos usó Dios para hacer huir a un ejército de hombres?**
   R. — Las avispas (Deuteronomio 7:20; Exodo 23:28).

7. **¿Qué animales mataron a cuarenta y dos muchachos?**
   R. — Fueron dos osos (2 Reyes 2:23, 24).

8. **¿Qué animal feroz morará con el cordero?**
   R. — El lobo (Isaías 11:6, 7).

9. **¿Qué animal sacrificó Abraham en lugar de su hijo?**
   R. — Un carnero (Génesis 22:13).

10. **Qué felino morará con el cabrito?**
    R. — El leopardo (Isaías 11:6, 7).

11. **Qué animales pacerán juntos?**
    R. — La vaca y la osa (Isaías 11:6, 7).

12. **Qué animal carnívoro dice Isaías que comerá paja?**
    R. — El león (Isaías 11:6, 7).

SECCION VI

CONOCIMIENTOS BIBLICOS GENERALES

CAPÍTULO 25
LO QUE CONTIENE LA BIBLIA

1. **¿En cuántas partes se divide la Biblia?**
   R. — La Biblia se divide en dos partes: Antiguo Testamento y Nuevo Testamento.

2. **¿Cuántos libros de la Biblia no mencionan el nombre de Dios?**
   R. — Dos. . . Ester y Cantares.

3. **¿Cuántas veces menciona el Antiguo Testamento al Espíritu Santo con ese título?**
   R. — Lo menciona tres veces y se encuentran en Salmos 51:11 e Isaías 63:10, 11.

4. **¿Qué Salmos son iguales en expresión?**
   R. — El 14 y el 53.

5. **¿Qué capítulo de Isaías y 2 Reyes son iguales?**
   R. — Son iguales el capítulo 19 de 2 Reyes y el 37 de Isaías.

6. **¿Cuántas veces menciona el Nuevo Testamento al Espíritu Santo?**
   R. — El Nuevo Testamento lo menciona ochenta y seis veces.

7. **¿Cuántos cantores y cantoras había en el tiempo de Esdras?**
   R. — Había doscientos cantores y cantoras (Esdras 2:65).

8. **¿Cuántas veces menciona el Nuevo Testamento el retorno de Jesús?**

   R. — Lo menciona más de trescientas veces.

9. **¿Cuántos años vivió Noé?**

   R. — Vivió novecientos cincuenta años (Génesis 9:29).

10. **¿Por cuánto tiempo será atado Satanás?**

    R. — Por mil años (Apocalipsis 20:2).

11. **¿Cuántos carros tuvo Salomón?**

    R. — Tuvo mil cuatrocientos carros (2 Crónicas 1:14).

12. **¿Cuántos capítulos tiene la Biblia?**

    R. — La Biblia tiene 1189 capítulos.

13. **¿Cuántos proverbios compuso Salomón?**

    R. — La Biblia menciona que fueron tres mil proverbios (1 Reyes 4:32).

14. **¿Cuál es el número más grande mencionado en la Biblia?**

    R. — El número más grande es el de doscientos millones. (Apocalipsis 9:16).

15. **¿Cuál es el versículo más largo de la Biblia?**

    R. — Es Ester 8:9.

16. **¿Cuál es el versículo más corto de la Biblia?**

    R. — Es Juan 11:35.

17. **¿Qué versículos del Salmo 107 son iguales?**

    R. — Los versículos 8, 15, 21 y 31.

18. **¿Qué versículos del Salmo 136 terminan del mismo modo?**

R. — Todos los versículos.

19. **Cuántos libros escribió Juan?**

    R. — Fueron cinco: Juan, 1 Juan, 2 Juan, 3 Juan y Apocalipsis.

20. **¿Cuál es el capítulo más largo de la Biblia?**

    R. — Es el Salmo 119.

21. **¿Cuántas parábolas dijo Jesús, según los cuatro evangelistas?**

    R. — Son cincuenta y tres parábolas.

22. **¿Cuál es el capítulo más corto de la Biblia?**

    R. — Es el Salmo 117.

23. **¿Qué otro nombre se le puede dar a la Biblia?**

    R. — SAGRADAS ESCRITURAS.

24. **¿Cómo decía la inscripción que le pusieron a la cruz donde fue crucificado Jesús?**

    R. — "Este es el Rey de los judíos" (Lucas 23:38).

25. **¿Dónde oró Jesús por última vez antes de ir a la cruz?**

    En Getsemaní (Mateo 26:36).

CAPITULO 26
¿EN QUE LIBRO ESTA?

1. **¿Qué libro del Antiguo Testamento tiene sólo un capítulo?**

   R. — Abdías.

2. **¿Qué libros del Nuevo Testamento tienen un solo capítulo?**

   R. — Filemón, 2ª de Juan, 3ª de Juan y Judas.

3. **¿Qué libro de la Biblia es el que tiene más capítulos después de los Salmos?**

   R. — Isaías (66 capítulos).

4. **¿Qué libro del Antiguo Testamento dice que una planta nació y creció en una noche y al siguiente día se secó?**

   R. — Jonás (Jonás 4:10).

5. **¿Qué libro de la Biblia describe la creación de la Tierra?**

   R. — Génesis (Génesis 1:1; 2:4).

6. **¿Qué libro de la Biblia contiene mensajes dirigidos a siete iglesias?**

   R. — Apocalipsis (Apocalipsis 2:1 — 3:22).

7. **¿Qué libro de la Biblia menciona los héroes de la fe?**

   R. — Hebreos (Hebreos 11).

8. **¿Qué libro de la Biblia no menciona el nombre de Dios, pero su contenido revela a**

Dios guiando, dominando y gobernando los destinos de su pueblo?

R. — Ester.

9. ¿Qué libro de la Biblia tampoco menciona el nombre de Dios como el de Ester?

R. — Cantares.

10. ¿Qué libro dice que 120,000 personas ayunaron durante tres días?

R. — Jonás (Jonás 3:5; 4:11).

11. ¿Qué libro dice que el sol se detuvo y la luna también?

R. — Josué (Josué 10:13).

12. ¿Qué libros de la Biblia fueron escritos por Moisés?

R. — Estos cinco: Génesis, Exodo, Levítico, Números y Deuteronomio.

13. ¿Cuántos y cuáles son los libros de historia del Antiguo Testamento?

R. — Son doce, a saber:

1. Josué	5. 2 Samuel	9. Crónicas
2. Jueces	6. 1 Reyes	10. Esdras
3. Rut	7. 2 Reyes	11. Nehemías
4. 1 Samuel	8. 1 Crónicas	12. Ester.

14. ¿Qué libro de la Biblia menciona en todos sus capítulos el amor?

R. — Cantares.

15. ¿De cuántos capítulos del libro de los Salmos es autor David?

R. — De 73, porque llevan su nombre.

16. ¿En qué libros del Antiguo Testamento están los diez mandamientos?

R. — En Exodo y Deuteronomio (Exodo 20; Deuteronomio 5).

17. **¿En qué libro de la Biblia, Jesús menciona un instrumento musical?**

R. — En Mateo, y el instrumento es la flauta (Mateo 11:17).

18. **¿Qué libro de la Biblia nos dice que el materialismo es insuficiente para satisfacer las necesidades del hombre?**

R. — Eclesiastés (Eclesiastés 12:13, 14).

19. **¿Cuántos son los libros poéticos del Antiguo Testamento?**

R. — Son cinco:
1. Job   3. Proverbios   5. Cantares
2. Salmos   4. Eclesiastés

20. **¿Cuántos son los libros de los profetas mayores?**

R. — Son cinco:
1. Isaías   3. Lamentaciones Daniel
2. Jeremías   4. Ezequiel

21. **¿Qué libro de la Biblia menciona al hombre de pecado, el hijo de perdición?**

R. — Segunda Tesalonicenses (2 Tesalonicenses 2:3).

22. **¿En qué libro se afirma que la lengua es un fuego, un mundo de maldad?**

R. — Santiago (Santiago 3:6).

23. **¿Cuántos y cuáles son los libros de los profetas menores?**

R. — Son doce:

1. Oseas	5. Jonás	9. Sofonías
2. Joel	6. Miqueas	10. Hageo
3. Amós	7. Nahum	11. Zacarías
4. Abdías	8. Habacuc	12. Malaquías

24. ¿En qué libro se dice que la muerte tiene un aguijón?

R. — 1 Corintios (1 Corintios 15:55).

25. ¿En qué libro de la Biblia se les ordena al impío dejar su camino, y al hombre inicuo sus pensamientos?

R. — Isaías (Isaías 55:7).

26. ¿En qué libro de la Biblia se dice que la edad del hombre son setenta años?

R. — Salmos (Salmo 90:10).

27. ¿En qué libro de la Biblia se menciona un cordón de grana en una ventana?

R. — Josué (Josué 2:18).

28. ¿En qué libro de la Biblia se menciona un carro de fuego con caballos también de fuego?

R. — 2 Reyes (2 Reyes 2:11).

29. ¿En qué libro de la Biblia se dice que las zorras pequeñas echan a perder las viñas?

R. — Cantares (Cantares 2:15).

30. ¿En qué libro de la Biblia se afirma que los creyentes son linaje escogido, real sacerdocio, nación santa, pueblo adquirido por Dios?

R. — 1 Pedro (1 Pedro 2:9).

31. ¿En qué libro de la Biblia se menciona una diaconisa de la iglesia de Cencrea?

R. — Romanos (Romanos 16:1).

32. **¿En qué libro de la Biblia se dice que Pablo era embajador en cadenas?**

R. — Efesios (Efesios 6:20).

33. **¿En qué libro de la Biblia se menciona un río de agua viva, resplandeciente como cristal?**

R. — Apocalipsis (Apocalipsis 22:1).

34. **¿En qué libro de la Biblia se dice que un animal le habló a una mujer y le dijo: "No morirás"?**

R. — Génesis (Génesis 3:1, 4).

35. **¿En qué libro de la Biblia se narra que un día se presentaron los hijos de Dios ante El y entre ellos estaba Satanás?**

R. — Job (Job 1:6).

36. **¿En qué libro de la Biblia se menciona un animal que le habló a un hombre diciendo: "¿Qué te he hecho, que me has azotado estas tres veces"?**

R. — Números (Números 22:28).

37. **¿En qué libro de la Biblia se dice que Cristo fue tentado en todo según nuestra semejanza, pero sin pecado?**

R. — Hebreos (Hebreos 4:15).

38. **¿En qué libro de la Biblia se afirma que lo insensato de Dios es más sabio que los hombres, y lo débil de Dios es más fuerte que los hombres?**

R. — 1 Corintios (1 Corintios 1:25).

39. **¿En qué libro de la Biblia se indica que si alguno no quiere trabajar, que tampoco coma?**

R. — 2 Tesalonicenses (2 Tesalonicenses 3:10).

40. **¿En qué libro de la Biblia se mencionan las bienaventuranzas que Jesús dijo?**

R. — En Mateo (Mateo 5:1-12).

41. **¿En qué libros podemos comprobar que la Biblia es el libro de la amistad?**

R. — En Génesis 1:27; Juan 4:23; Efesios 1:10 y Gálatas 3:28.

CAPITULO 27
¿QUE TEXTO DE LA BIBLIA ES EL SIGUIENTE?

Las palabras están en desorden. Ordénelas e identifique el texto.

1. **hallado cercano, mientras que está Jehová, puede llamadle en tanto a buscad ser**

   R. — Buscad a Jehová mientras puede ser hallado, llamadle en tanto que está cercano (Isaías 55:6).

2. **ajenos no de mí, tendrás delante dioses**

   R. — No tendrás dioses ajenos delante de mí (Exodo 20:3).

3. **carcoma en la mujer mas virtuosa es de sus huesos corona como su marido la mala**

   R. — La mujer virtuosa es corona de su marido; mas la mala, como carcoma en sus huesos (Proverbios 12:4).

4. **es amor Dios**

   R. — Dios es amor (1 Juan 4:8).

5. **bien hicieron muchas mujeres a todas, el mas tú sobrepasas**

   R. — Muchas mujeres hicieron el bien; mas tú sobrepasas a todas (Proverbios 31:29).

6. **a ti tu diez mil mas tu mil a diestra caerán y no llegará a lado**

   R. — Caerán a tu lado mil, y diez mil a tu

diestra; mas a tí no llegará (Salmos 91:7).

7. **el padre necio, su hijo sabio, pero madre alegra, al hijo de tristeza, es el**

   R. — El hijo sabio alegra al padre, pero el hijo necio es tristeza de su madre (Proverbios 10:1).

8. **se apartará de su camino, niño, cuando él viejo aun no instruye y al en fuere**

   R. — Instruye al niño en su camino, y aun cuando fuere viejo no se apartará de él (Proverbios 22:6).

9. **conviene la plata con oro, dicha figuras de palabra es de manzana**

   R. — Manzana de oro con figuras de plata es la palabra dicha como conviene (Proverbios 25:11).

10. **creó los cielos en la tierra y Dios el principio**

    R. — En el principio creó Dios los cielos y la tierra (Génesis 1:1).

11. **Jehová atiende de lejos al excelso y altivo, porque al humilde mira es mas**

    R. — Porque Jehová es excelso, y atiende al humilde, mas al altivo mira de lejos (Salmos 138:6).

12. **casadas estén al Señor, como sus maridos las sujetas a propios**

    R. — Las casadas estén sujetas a sus propios maridos, como al Señor (Efesios 5:22).

13. **Andad como Cristo, y nos amó Dios en fragante amor, también en olor por ofrenda y sacrificio a nosotros se entregó y mismo así**

R. — Y andad en amor, como también Cristo nos amó y se entregó a sí mismo por nosotros, ofrenda y sacrificio a Dios en olor fragante (Efesios 5:2).

14. **Tú de refugio has sido nos Señor generación, generación, en**

R. — Señor, Tú nos has sido refugio de generación en generación (Salmos 90:1).

15. **¿su mundo, al hombre perdiere, si ganare alma y todo al que aprovechará?**

R. — ¿Qué aprovechará al hombre si ganare todo el mundo y perdiere su alma? (Marcos 8:36)

16. **tu mismo amarás como a prójimo a ti**

R. — Amarás a tu prójimo como a ti mismo, (Mateo 22:39).

17. **tu lámpara mi camino a, palabra y mis pies a lumbrera es**

R. — Lámpara es a mis pies tu palabra, y lumbrera a mi camino (Salmo 119:105).

18. **tu en él encomienda, y Jehová a él confía y hará camino**

R. — Encomienda a Jehová tu camino, y confía en El y El hará (Salmo 37:5).

19. **palabras el pasarán mis tierra no cielo y pero la pasarán**

R. — El cielo y la tierra pasarán, pero mis palabras no pasarán (Marcos 13:31).

20. **librar del juicio y los castigados en tentación sabe de reservar a el día de los piadosos, el Señor para ser injustos**

R. — Sabe el Señor librar de tentación a los piadosos, y reservar a los injustos para ser castigados en el día del juicio (2 Pedro 2:9).

21. ninguno lo tienes aquí que pronto corona he para yo retén tome que tu vengo

R. — He aquí yo vengo pronto; retén lo que tienes, para que ninguno tome tu corona (Apocalipsis 3:11).

22. es de muerte pero que derecho al hombre su camino hay le parece fin camino

R. — Hay camino que al hombre le parece derecho; pero su fin es camino de muerte (Proverbios 14:12).

23. dio les en nombre de mas, recibieron a los hijos que le creen todos los hechos a su potestad que ser de Dios

R. — Mas a todos los que le recibieron, a los que creen en su nombre, les dio potestad de ser hechos hijos de Dios (Juan 1:12).

24. de la mujer prudente la casa las riquezas y herencia, mas de Jehová son los padres

R. — La casa y las riquezas son herencia de los padres; mas de Jehová la mujer prudente (Proverbios 19:14).

25. sigue las pasiones juveniles, el amor huye también de corazón limpio, y con los que de la justicia, la fe, y la paz, invocan al Señor.

R. — Huye también de las pasiones juveniles, y sigue la justicia, la fe, el amor y la paz, con los que de corazón limpio invocan al Señor (2 Timoteo 2:22).

26. que el muchacho no admite consejos, es

necio y que mejor el rey viejo sabio y pobre

R. —Mejor es el muchacho pobre y sabio, que el rey viejo y necio que no admite consejos (Eclesiastés 4:13).

27. **en tu juventud que días y años tu digas no tengo Creador, antes acuérdate de los días de contentamiento vengan los malos, lleguen en ellos los de los cuales**

R. —Acuérdate de tu Creador en los días de tu juventud antes que vengan los días malos, y lleguen los años de los cuales digas: No tengo en ellos contentamiento (Eclesiastés 12:1).

28. **las piedras preciosas y que toda que cuanto se puede desear porque con ella no es de comparar, mejor es la sabiduría**

R. —Porque mejor es la sabiduría que las piedras preciosas; y todo cuanto se puede desear, no es de compararse con ella (Proverbios 8:11).

29. **el que pobre no tendrá sus ojos el tendrá mas pobreza, muchas maldiciones, que aparta al**

R. —El que da al pobre no tendrá pobreza; mas el que aparta sus ojos tendrá muchas maldiciones (Proverbios 28:27).

30. **y que multitud salvará del error de pecados de muerte, de su alma el volver haga al pecador; un camino cubrirá**

R. —El que haga volver al pecador del error de su camino, salvará de muerte un alma, y cubrirá multitud de pecados (Santiago 5:20).

CAPITULO 28
¿QUE ES LA BIBLIA PARA LA HUMANIDAD?

1. **¿Qué es la Biblia?**
    R. — Es la palabra de Dios escrita (Romanos 3:2).

2. **¿Qué es la Biblia para la enseñanza?**
    R. — Es maestra (2 Timoteo 3:16).

3. **¿Qué es la Biblia para la sed?**
    R. — Es agua (Juan 4:10).

4. **¿Qué es la Biblia para el autoexamen?**
    R. — Es espejo (Santiago 1:23).

5. **¿Qué es la Biblia para la purificación?**
    R. — Es fuego (Jeremías 23:29).

6. **¿Qué es la Biblia para el hombre espiritual?**
    R. — Es pan (Lucas 4:4).

7. **¿Qué es la Biblia para quebrar?**
    R. — Es martillo (Jeremías 23:29).

8. **¿Qué es la Biblia para fortalecer el crecimiento del recién nacido?**
    R. — Es leche (1 Pedro 2:2).

9. **¿Qué es la Biblia para las tinieblas espirituales?**
    R. — Es luz (Proverbios 6:23).

10. **¿Qué es la Biblia para el viajero?**

R. — Es mapa (Juan 14:6).

11. **¿Qué es la Biblia para el extranjero?**
R. — Es lumbrera (Salmo 119:105).

12. **¿Qué es la Biblia para el soldado?**
R. — Es la armadura (Efesios 6:11).

13. **¿Qué es la Biblia para la salvación?**
R. — Es el yelmo (Efesios 6:17).

14. **¿Qué es la Biblia para recompensar?**
R. — Es medida buena (Lucas 6:38).

15. **¿Qué es la Biblia para conocer el futuro?**
R. — Es palabra fiel y verdadera (Mateo 24:1-28; Apocalipsis 22:6).

16. **¿Qué es la Biblia para las imperfecciones?**
R. — Es lima (2 Timoteo 3:16, 17).

17. **¿Qué es la Biblia para el cristiano?**
R. — Es bandera (Isaías 49:22).

18. **¿Qué es la Biblia para el peregrino?**
R. — Es báculo (2 Pedro 1:21).

19. **¿Qué es la Biblia para la riqueza?**
R. — Es mina (Romanos 11:33).

20. **¿Qué es la Biblia para los estudiantes?**
R. — Es vida (Juan 5:39; Romanos 8:6).

21. **¿Qué es la Biblia para el piloto?**
R. — Es aguja magnética (Juan 16:13).

22. **¿Qué es la Biblia para alegrarnos?**
R. — Es consuelo (Juan 5:39).

CAPITULO 29
ADIVINANZAS BIBLICAS

1. **¿Quiénes curaron su mal, mirando la serpiente de bronce?**

   R. — Los israelitas (Números 21:5, 9).

2. **¿Quién quería seguir a Jesús, mas no ser pobre y llevar su cruz?**

   R. — El joven rico (Marcos 10:17-23).

3. **Es pequeña y peligrosa, de su maldad orgullosa.**

   R. — La lengua (Santiago 3).

4. **No le dieron lo que pedía, pero saltó de alegría**

   R. — El cojo del templo (Hechos 3).

5. **¿En dónde Jehová endulzó el agua que Israel tomó?**

   R. — En Mara (Exodo 15:22-25).

6. **¿Cuál fue una ciudad fuerte, que al oír música fue su muerte?**

   R. — Jericó (Josué 6).

7. **De perseguidor furioso, a evangelista glorioso.**

   R. — Saulo de Tarso (Hechos 9).

8. **El tributo le cobraron a Jesús nuestro Señor, ¿cómo pagarlo pudo, nuestro amante Salvador?**

R. — Con dinero sacado de un pez (Mateo 17:24-27).

9. **Cuando su asna a un ángel miraba, en el mismo lugar él la castigaba.**
   R. — Balaam (Números 22:21-32).

10. **No lo quisieron y lo vendieron, pero después por hambre a él fueron.**
    R. — José (Génesis 37 al 42).

11. **¿Dónde pagaron su mal los profetas de Baal?**
    R. — Degollados en el arroyo de Cisón (1 Reyes 18).

12. **De noche llegóse a Jesús, y con José lo bajó de la cruz.**
    R. — Nicodemo (Juan 19:39-42).

13. **Al Señor fruto no dio, y por eso se secó.**
    R. — La higuera (Marcos 11:12-14).

14. **Agua era, vino fue, quién lo hizo, yo lo sé**
    R. — Jesús (Juan 2:1-11).

15. **¿Qué mujer fue esposa de Otoniel, y llegó a ser juez de Israel?**
    R. — Acsa (Jueces 1:12, 13).

16. **¿Qué ave su pie no pudo posar, y en el arca se volvió a hospedar?**
    R. — La paloma (Génesis 8:8, 9).

17. **Tuvo por padre a Elcana, y su madre se llamaba Ana**
    R. — Samuel (1 Samuel 1:8, 20).

18. **Cuando Judas se ahorcó arrepentido,**

¿quién en su lugar fue elegido?

R. — Matías (Hechos 1:15-26).

19. **Fue mujer virtuosa, supo tomar la hoz; ella era hermosa, y fue mujer de Booz.**

R. — Rut (Rut 4).

20. **¿Qué aldea fue ignorada, hoy por todos admirada?**

R. — Belén (Miqueas 5:2 y Juan 7:42).

21. **El primero dijo a Pablo: "Estás loco", y el segundo le contestó: "Por poco".**

R. — Festo y Agripa (Hechos 26:24, 28).

22. **Era muy fuerte, que una casa derribó; él encontró la muerte, pero a millares mató.**

R. — Sansón (Jueces 16:25, 30).

23. **Quién es aquel que de pieles se vestía, y sólo langostas y miel comía?**

R. — Juan el Bautista (Mateo 3:4).

24. **El fuego no los quemó, porque el Señor los cuidó.**

R. — Sadrac, Mesac, Abed-nego (Daniel 3:19-30).

25. **¿Cuál es la tierra que fluye leche y miel, que Dios promete a Israel?**

R. — La tierra de Canaán (Josué 5:12).

26. **Y todo se pasmaban, cuando su palabra escuchaban.**

R. — El niño Jesús, ante los doctores (Lucas 2:41, 47).

27. **Todo, todo se acabará, pero hay algo que nunca pasará.**

R. — La palabra del Señor (Mateo 24:35).

28. **Altar tenían construido al Dios no conocido.**
R. — Los atenienses (Hechos 17:22, 23).

29. **Le pidieron, él les dio; de los diez, uno volvió.**
R. — Los diez leprosos (Lucas 17:12-16).

30. **¿Quién de la mazmorra sacó a Jeremías, cuando ahí lo echaron por sus profecías.**
R. — Ebed-melec, el eunuco (Jeremías 38).

31. **Ella no lo creyó, pero su hijo recibió.**
R. — La sunamita (2 Reyes 4:14-17).

32. **Esaú a Jacob no quería, porque algo entre ellos había.**
R. — Le quitó la primogenitura y bendición (Génesis 27).

33. **Tanto, tanto la amó, que por ella se entregó.**
R. — El Señor a la Iglesia (Efesios 5:25).

34. **Si el reino quieres ver, ¿sabes lo que debes hacer?**
R. — Nacer de nuevo (Juan 3:3 y 1 Pedro 1:23).

35. **Para vender y comprar, ¿que marca habrán de llevar?**
R. — 666 (Apocalipsis 13).

36. **Sabemos dónde murió, mas no dónde se lo enterró.**
R. — Moisés (Deuteronomio 34:6).

37. **Si has leído la Biblia con atención, ¿cuántos proverbios escribió Salomón?**
R. — Tres mil (1 Reyes 4:32).

38. **A la cárcel fue llevado por ser un hombre honrado.**

R. — José (Génesis 39).

39. **¿Qué comió Israel en el desierto, que fue un milagro, por cierto?**

R. — Maná (Exodo 16).

40. **Pidió su herencia y la malgastó; arrepentido al hogar volvió.**

R. — El hijo pródigo (Lucas 15).

41. **A Nabot por su viña mataron, pero muy mal terminaron.**

R. — Acab y Jezabel (1 Reyes 21:13 y 2 Reyes 9).

42. **Era muy rico y en Dios confiaba; después pobre y enfermo, a Dios oraba.**

R. — Job (Job 1:1-21 y Job 25 al 27).

43. **En una gran encina murió, quien a su rey traicionó.**

R. — Absalón (2 Samuel 18:9).

44. **Carne pidieron, carne comieron, pero al fin todos murieron.**

R. — El pueblo de Israel en el desierto (Salmo 78:27, 31).

45. **Extiende la vara, dijo a Aarón y horrible plaga vio Faraón.**

R. — Moisés (Exodo 8:5, 6).

46. **Jesús le pidió agua del pozo, ella volvió llena de gozo.**

R. — La samaritana (Juan 4).

47. **Por no creer a Gabriel, mudo se quedó él.**
R. — Zacarías (Lucas 1).

48. **Cuando la reina Vasti fue repudiada, ¿quién en su lugar fue coronada?**
R. — Ester (Ester 2:17).

CAPITULO 30
¿CUANTOS?

1. **¿Con cuántos dardos clavados en el corazón murió Absalón?**
   R. — Con tres (2 Samuel 18:14).

2. **¿Cuántas piedras tomó David cuando mató a Goliat?**
   R. — Cinco (1 Samuel 17:40).

3. **¿Con cuántas yuntas de bueyes araba Eliseo, cuando lo llamó Elías?**
   R. — Con doce (1 Reyes 19:19).

4. **¿Cuántos judíos juraron no comer ni beber hasta que matasen a Pablo?**
   R. — Más de cuarenta (Hechos 23:12, 13).

5. **¿Cuántos años vivió Isaac?**
   R. — Ciento ochenta años (Génesis 35:28).

6. **¿Cuántas personas iban en el barco, incluyendo a Pablo, cuando naufragó cerca de Malta?**
   R. — Doscientas setenta y seis personas (Hechos 27:37).

7. **¿Cuántos peces pescaron los apóstoles cuando Jesús les dijo que echaran la red a la derecha de la barca?**
   R. — Ciento cincuenta y tres (Juan 21:11).

8. **¿Cuántos años hacía que el paralítico estaba**

enfermo, cuando Jesús lo sanó en el estanque de Betsaida?

R. — Treinta y ocho años (Juan 5:5).

9. **¿Cuántas tinajas de agua fueron convertidas en vino?**

R. — Seis tinajas de agua (Juan 2:6).

10. **¿Cuántos soldados asirios fueron matados por el ángel de Jehová, cuando quisieron atacar al rey Ezequías?**

R. — Ciento ochenta y cinco mil soldados (2 Reyes 19:35).

11. **¿Cuántos grados retrocedió el reloj cuando Ezequías pidió una señal de que sanaría?**

R. — Diez grados (2 Reyes 11:21).

12. **¿Cuántos años tenía Joás cuando comenzó a reinar sobre Judá?**

R. — Siete años (2 Reyes 11:21).

13. **¿Cuántos años vivió Job después de su restablecimiento?**

R. — Ciento cuarenta años (Job 42:16).

14. **¿Cuántos versículos tiene el capítulo más largo de la Biblia?**

R. — Ciento setenta y seis versículos (Salmo 119)

15. **¿Cuántos versículos tiene el capítulo más corto de la Biblia?**

R. — Dos versículos (Salmo 117).

16. **¿Cuántos meses mayor era Juan el Bautista que el Señor Jesús?**

R. — Seis meses (Lucas 1:24, 26).

17. **¿Cuántas veces lloró Jesús?**
    R. — Dos veces (Lucas 19:41 Juan 11:35).

18. **¿Cuántas son las cosas tan pequeñas que Cristo mencionó en los Evangelios y que, aun así, tendrían su cumplimiento?**
    R. — Dos: la jota y la tilde (Mateo 5:18).

19. **¿Cuántos fueron los muertos resucitados en el Antiguo Testamento?**
    Fueron dos:
    a) Al sepultar a un hombre en la tumba de Eliseo, tocó los huesos de éste y revivió (2 Reyes 13:21).
    b) El hijo de la viuda (1 Reyes 17:21).

20. **¿Cuántos árboles importantes había en el huerto del Edén?**
    R. — Había dos:
    a) el árbol de la vida
    b) el árbol del bien y del mal (Génesis 2:9).

21. **¿A cuántos reyes les cortaron los dedos pulgares?**
    R. — A setenta reyes (Jueces 1:7).

22. **¿Cuántas ventanas tenía el arca que construyó Noé?**
    R. — Una sola ventana (Génesis 6:16).

23. **¿Cuántas personas se salvaron de perecer en el diluvio?**
    R. — Ocho personas (1 Pedro 3:20).

24. **¿Cuántos pisos tenía el arca que construyó Noé?**
    R. — Tres pisos (Génesis 6:16).

25. **¿Cuántos metros de longitud tenía la cama**

más grande que menciona la Biblia?

R. — Fue la cama del gigante Og, y tenía cuatro metros (Deuteronomio 3:11).

26. ¿Cuántos son los carros de Dios que menciona David?

R. — Veinte mil (Salmo 68:17).

27. ¿Cuántos hermanos tuvo Jesús?

R. — Fueron cuatro:
a) Jacob
b) José
c) Simón
d) Judas (Mateo 13:55).

28. ¿Cuántas formas de muerte existen?

R. — Cuatro: a) Por violencia (Génesis 4:8; Mateo 23:35).
b) Por hambre (Ezequiel 6:12).
c) Por enfermedad (2 Crónicas 16:12, 13).
d) Por muerte natural (Hebreos 11:21, 22).

29. ¿Cuántas veces han escrito Dios y Jesús con su dedo?

R. — Dos veces Dios:
a) Las tablas de la ley (Exodo 31:18).
b) La escritura en la pared (Daniel 5:5).
Y Jesús una vez:
a) En tierra (Juan 8:6).

30. ¿Cuántos fueron los varones que ayunaron cuarenta días?

R. — Fueron tres:
a) Moisés (Deuteronomio 9:9).
b) Elías (1 Reyes 19:8).
c) Jesús (Lucas 4:2).

31. ¿Cuántos son los discípulos secretos de

Jesús mencionados en los Evangelios?

R. — Son dos:

a) José de Arimatea

b) Nicodemo (Juan 19:38, 39).

32. **¿Cuántos hombres han ascendido vivos al cielo?**

R. — Dos:

a) Elías (2 Reyes 2:11)

b) Enoc (Génesis 5:24).

33. **¿Cuántos muertos fueron resucitados por Jesús?**

R. — Tres:

a) El hijo de la viuda (Lucas 7:14, 15).

b) La hija de Jairo (Lucas 8:54, 55).

c) Lázaro (Juan 11:43, 44).

34. **¿Cuántos patriarcas menciona la Biblia en Génesis 35:23-26 y quiénes son?**

R. — Menciona doce y son:

1. Rubén
2. Simeón
3. Leví
4. Judá
5. Isacar
6. Zabulón
7. Neftalí
8. Gad
9. Dan
10. Aser
11. José
12. Benjamín

(Génesis 35:23-26).

35. **¿Cuántos materiales, símbolos de nuestras obras, son mencionados por Pablo en (1 Corintios 3:12)?**

R. — Son seis:

1. Piedras preciosas
2. Heno
3. Madera

4. Oro
5. Hojarasca
6. Plata.

36. **¿Cuántos son los instrumentos musicales más antiguos y quién los tocaba?**

R. — Fueron dos:
El arpa y la flauta y los tocaba Jubal antes del diluvio (Génesis 4:21).

37. **¿Cuántas veces se menciona que están tocando un instrumento musical en el Nuevo Testamento?**

R. — Dos veces:
a) En la casa de Jairo (Mateo 9:23)
b) En la casa del hijo pródigo (Lucas 15:25).

38. **¿Cuántos son los nombres de Satanás después de su rebelión contra Dios?**

R. — Son dieciséis nombres:
1. Satanás (1 Crónicas 21:1).
2. Abadón (Apocalipsis 9:11).
3. Apolión (Apocalipsis 9:11).
4. El gran dragón (Apocalipsis 12:9).
5. La serpiente antigua (Apocalipsis 12:9).
6. Belial (2 Corintios 6:15).
7. El dios de este siglo (2 Corintios 4:4).
8. El tentador (1 Tesalonicenses 3:5).
9. El malo (Proverbios 24:20).
10. El príncipe de la potestad del aire (Efesios 2:2).
11. Lucero (Isaías 14:12).
12. El maligno (1 Juan 5:18).
13. Beelzebú (Mateo 12:24).
14. El diablo (Judas 1:9).
15. El padre de mentira (Juan 8:44).

16. El príncipe de este mundo (Juan 12:31).

39. ¿Cuántas muertes hay?

R. — Hay tres:

1. Muerte física. Separación del alma y del cuerpo (Génesis 25:11).

2. Muerte espiritual. El alma se separa de Dios, vive en pecado y está así expuesta a la ira de Dios si no se arrepiente (Juan 3:18).

3. Muerte segunda o eterna. Separación de Dios para siempre al ser lanzado al lago de fuego; es la continuación eterna de la muerte espiritual (Apocalipsis 20:12-15).

40. ¿Cuántas veces se han gozado los ángeles, después que Jesús ascendió al cielo?

R. — Se han gozado millones de veces, porque millones de pecadores se han arrepentido (Lucas 15:10).

CAPITULO 31
COLORES DE LA BIBLIA

1. **¿De qué color era la túnica de José?**
   R. — De diversos colores (Génesis 37:3).

2. **¿De qué color era el pabellón del rey Asuero?**
   R. — Era de color blanco, verde, y azul (Ester 1:6).

3. **¿De qué color era el vestido de Mardoqueo?**
   R. — De color azul y blanco (Ester 8:15).

4. **¿De qué color era el vestido de Tamar?**
   R. — De diversos colores (2 Samuel 13:18).

5. **¿De qué color era el cordón que ató Rahab?**
   R. — De color grana, o sea, rojo encendido (Josué 2:18).

6. **¿De qué color eran las vestiduras de los sacerdotes del Antiguo Testamento?**
   R. — De color azul, púrpura y carmesí (Exodo 39:1).

7. **¿De qué color era la cubierta del tabernáculo?**
   R. — De pieles de carnero teñidas de rojo (Exodo 36:19).

8. **¿De qué color eran las cortinas del tabernáculo?**
   R. — De color azul, púrpura y carmesí (Exodo 36:8).

9. **¿De qué color era el manto que los soldados le pusieron a Jesús?**

   R. — De color escarlata (Mateo 27:28).

10. **¿De qué color mandó Belsasar vestir a Daniel?**

    R. — De púrpura (Daniel 5:29).

CAPITULO 32
CIERTO O FALSO

Si estas afirmaciones son correctas, diga "cierto".
Si no lo son, diga "falso" y haga, en su lugar, la
afirmación correcta.

1. **La Biblia fue escrita en dos idiomas**

   R. — FALSO. Fue escrita en tres idiomas:
   hebreo y caldeo en el Antiguo Testamento
   (caldeo en Daniel 2:4 a 7:28 y Esdras 4:8 a
   6:18 y 7:12-26), y griego en el Nuevo Testamento.

2. **El centro de la Biblia, según los libros y
   capítulos, está en el libro de los Salmos,
   capítulo 97.**

   R. — CIERTO.

3. **Dios le dijo a Moisés: "Yo también te confe-
   saré".**

   R. — FALSO. Fue a Job (Job 40:14).

4. **Moisés es el autor de un himno que cantare-
   mos en el cielo.**

   R. — CIERTO. (Apocalipsis 15:3).

5. **Aná apacentaba unas ovejas y encontró unos
   manantiales.**

   R. — FALSO. Apacentaba unos asnos (Génesis 36:24).

6. **Jesús fue llamado apóstol.**

   R. — CIERTO. (Hebreos 3:1)

7. **El primer rey mencionado en el Antiguo Testamento fue Faraón.**

   R. — FALSO. Fue Amrafel (Génesis 14:1).

8. **Se oía el ruido de la construcción en el sitio del templo que levantó Salomón.**

   R. — FALSO. (1 Reyes 6:7).

9. **Dios creó, el primer día, la expansión de las aguas.**

   R. — FALSO. Fue la luz (Génesis 1:3).

10. **La tierra más hermosa es el Edén.**

    R. — FALSO. Dios dijo, en aquel entonces, que era la tierra de Palestina (Ezequiel 20:6).

11. **El primer milagro que Jesús hizo fue convertir el agua en vino.**

    R. — CIERTO. (Juan 2:7-11).

12. **La serpiente que hizo Moisés en el desierto era de bronce.**

    R. — CIERTO. (Números 21:9).

13. **El último milagro que Jesús hizo, antes de ir a la cruz, fue volverle a poner la oreja a Malco.**

    R. — CIERTO. (Lucas 22:50, 51).

14. **El primer apóstol de Jesús fue Natanael.**

    R. — FALSO. Fue Andrés (Juan 1:40, 41).

15. **El varón más hermoso del Nuevo Testamento fue Absalón.**

    R. — FALSO. Absalón fue el más hermoso del Antiguo Testamento (2 Samuel 14:25).

16. **La Biblia dice cuál es la verdadera religión.**

    R. — CIERTO. Es visitar a los huérfanos y a

las viudas y guardarnos sin mancha del mundo (Santiago 1:26, 27).

17. Judas se ahorcó a veintidós metros de altura.

R. — FALSO. Fue Amán a quien colgaron en una horca de esa altura (Ester 7:9, 10).

18. Pablo da soluciones para los trabajadores y los patronos.

R. — CIERTO. (Efesios 6:5-9).

19. La Biblia menciona algún otro hombre, aparte de Cristo, con el título de rey de reyes en el Nuevo Testamento.

R. — FALSO. Es en el Antiguo Testamento (Esdras 7:12).

20. Dios castigó al rey Nabucodonosor, cambiándole su razón por un tipo de locura llamado "zoantropia" que le duró siete años.

R. — CIERTO. (Daniel 4:32, 33).

21. La Biblia fue impresa por primera vez a mediados del siglo XV.

R. — CIERTO.

22. El Nuevo Testamento menciona que tres varones han caminado sobre el agua.

R. — FALSO. Fueron dos, Jesús y Pedro (Mateo 14:25, 29).

ATENCION: En esta sección de preguntas, tome muy en cuenta, que dos respuestas están equivocadas y una es la correcta. Medite la RESPUESTA ELEGIDA y conteste.

23. Antes de su rebelión, Lucifer era querubín grande, protector (Ezequiel 28:14).

Después de su rebelión, Lucifer fue un trastorno para:

a. los reinos
b. los ángeles
c. las gentes

[a] (Isaías 14:16).

24. ¿Quién de los siguientes personajes afirmó que los afeminados y los que se echan con varones, pueden ser santificados, lavados y justificados?

a. David
b. Pablo
c. Pedro

[b] (1 Corintios 6:9, 11).

25. Antes de su rebelión, Lucifer se paseaba en medio de las piedras de fuego (Ezequiel 28:14).

Después de su rebelión, Lucifer hizo al mundo:

a. un mal
b. un desierto
c. un caos

[b] (Isaías 14:17).

26. El pecado imperdonable es:

a. rechazar la Biblia como inspirada
b. desobedecer a Cristo
c. atribuir al diablo la obra del Espíritu Santo

[c] (Mateo 12:32).

27. Antes de su rebelión, Lucifer era querubín perfecto, y siempre cumplía las órdenes de Dios (Ezequiel 28:15).

Después de su rebelión, Lucifer ha estado engañando.

a. a los demonios
b. a ciertas naciones
c. a todo el mundo

[c] (Apocalipsis 12:9).

28. **Al hablar con un amigo católico romano debemos:**

a. decirle inmediatamente que no creemos en el purgatorio
b. usar la Biblia
c. decirle que él no es cristiano

[b] (2 Timoteo 3:16, 17).

29. **Antes de su rebelión, Lucifer era querubín perfecto, en belleza una belleza que arrebataba la admiración angelical (Ezequiel 28:17). Después de su rebelión, Lufícer fue vestido.**

a. como un muerto
b. como un diablo
c. como un traidor

[a] (Isaías 14:19).

30. **La mejor arma para combatir el error es:**

a. conocer la verdad
b. conocer un almanaque
c. conocer el horóscopo

[a] (Juan 8:32; 14:6).

31. **Antes de su rebelión, Lucifer era un querubín (Ezequiel 28:16).**
Después de su rebelión, a Lucifer se le llamó:

a. vástago abominable
b. tinieblas
c. tenebrosidad

[a] (Isaías 14:19; Juan 8:44).

32. **El arte de fabricar excusas principió con:**

a. Caín
b. Adán
c. Noé

[b] (Génesis 3:12).

33. **El valor de un alma se ve en:**
a. su naturaleza y origen
b. su posición social
c. la cantidad de ellas

[a] (Génesis 1:26, 27; 2:7).

34. **"La oración eficaz del justo puede mucho".**
Estas palabras fueron pronunciadas por:
a. Juan
b. Pedro
c. Santiago

[c] (Santiago 5:16).

35. **El número 666 se menciona en el libro de:**
a. Colosenses
b. Apocalipsis
c. Judas

[b] (Apocalipsis 13:18).

En un pizarrón trace este crucigrama, indicando a los concursantes que busquen en la parábola del hijo pródigo la palabra correcta para que la pongan en el acróstico.

Esta parábola se encuentra en Lucas 15:11-32.

1. El que recibió a su hijo con compasión y gozo.
2. Lo que malgastó el hijo en otro país.
3. Buscó trabajo cuidando éstos.
4. El hijo disipador, gastador. (Vea al fondo de esta página).
5. El hijo más joven.
6. Cómo antes consideraba al hijo.
7. Lo mataron para hacer una fiesta.
8. Le hubiera gustado comerse esta comida de los cerdos.
9. Estaba así antes de ser encontrado, antes de aparecer.
10. Con esto el padre recibió a su hijo.

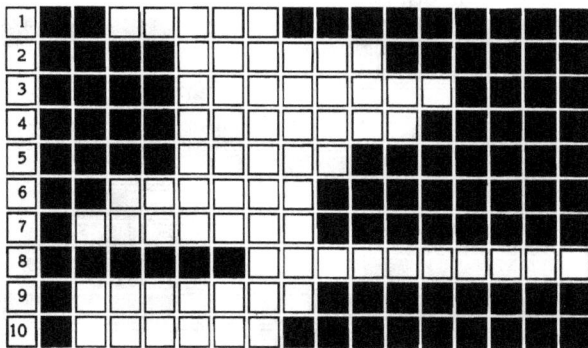

El hijo pródigo.

En un pizarrón trace este crucigrama, indicando a los concursantes que busquen en la historia las palabras correctas para poner en el acróstico.
La historia se encuentra en Lucas 18:18-30

1. Jesús le dijo al rico que hiciera esto con todo lo que tenía.
2. Cómo se puso el hombre al oír lo que exigía Jesús.
3. Lo que el joven dijo que había hecho con la ley.
4. El joven tenía muchas de éstas en el mundo, pero no en el cielo.
5. Lo que habían hecho los discípulos con lo que tenían.
6. El joven dijo que había obedecido éstos desde niño.
7. Lo que mandó al joven hacer después de repartir todo.
8. A quién dijo Jesús que le diera lo que tenía.
9. La cualidad que Jesús dijo que solamente Dios tiene.
10. El animal que difícilmente pasaría por el ojo de una aguja.

El joven rico